Eugen Drewermann

Das Eigentliche ist unsichtbar

Eugen Drewermann

Das Eigentliche ist unsichtbar

Der Kleine Prinz tiefenpsychologisch gedeutet

HERDER

FREIBURG · BASEL · WIEN

MIX
Papier aus verantwortungsvollen Quellen
FSC® C083411

Neuausgabe 2015

www.herder.de

Satz: de·te·pe, Aalen
Herstellung: CPI books GmbH, Leck

Printed in Germany

ISBN 978-3-451-33728-4

Inhalt

Vorwort

Das Märchen vom »Kleinen Prinzen«

Unzähligen ist die schönste Dichtung Antoine de Saint-Exupérys, sein Märchen vom »Kleinen Prinzen«, bis heute zur Schlüsselerzählung ihres Lebens geworden. Der »Kleine Prinz« bot ihnen Zuflucht in Stunden der Einsamkeit, Trost in Augenblicken der Enttäuschung und Hoffnung in Momenten der Verlassenheit; er war ihr unentbehrlicher Begleiter auf den oft langen Wegen des Suchens und der Sehnsucht, und seine verhaltene Traurigkeit war wie der Ort einer verständnisvollen Wärme inmitten einer Welt, die immer kälter wird.

Ist es der ewige Traum verlorener Kindheit, der den »Kleinen Prinzen« so trostreich und sympathisch macht? Gewiss, jedoch nicht nur. Hinzu kommt die kunstvoll ironische Befreiung von der wahnsinnigen Zwangswelt der »großen Leute« – ein erstes Atemholen und Innehalten in der Wüstenei des Menschlichen. Vor allem aber vermag der »Kleine Prinz« ein Stück weit das Vertrauen in die unbedingte Treue der Liebe wiederherzustellen; er verheißt und verkörpert eine Welt des Bemühens und der Verantwortung um- und füreinander, und er zeigt eine Verbundenheit der Liebe, die selbst im Tod nicht zu besiegen ist – ein hohes Lied der Freundschaft und der Kameradschaft in Bildern von bezaubernder Einfachheit und Schönheit.

Was Wunder, dass Exupérys »Kleiner Prinz« zur Traum- und Idealgestalt der Menschlichkeit herangewachsen ist? Sein Rückblick in das Reich kindlicher Unschuld, sein Ausblick zumal zu den Sternen, die in den Nächten wie Glocken erklingen, um uns zu erzählen von dem unsichtbaren Planeten einer sonderbaren Rose, schenken uns eine Weite des Herzens und eine Tiefe des Träumens zurück, die man in der Ödnis unserer Tage fast schon verloren glaubte. Unwillkürlich, mit einem fast mütterlichen Mitgefühl, wünscht man dem »Kleinen Prinzen«, er möge wohlbehütet glücklich sein in seiner kleinen Sternenwelt, und man vergisst beinahe, dass er im Werk Exupérys für diese Welt auf ungewisse Zeit »gestorben« ist; man wünscht Exupéry, er selbst hätte der Gestalt des »Kleinen Prinzen« in seinem eigenen Leben Wirklichkeit verleihen können, und allzugern folgt man der großen Zahl der Biographen, die versichern, dass ihr Freund und Kamerad Antoine im Konterfei des »Kleinen Prinzen« sein eigenes Portrait der Nachwelt hinterlassen habe.

In der Tat ist es unerlässlich, den deutlich autobiographischen Zügen des »Kleinen Prinzen« tiefenpsychologisch nachzugehen. Man geht dabei Gefahr, den Mythos »Exupéry« zu zerstören, denn es geht nicht an, die Widersprüche, die das Leben und Dichten Exupérys durchziehen, aus seiner Person, wie um ihn zu schützen, herauszunehmen und allein den Unbilden der Zeitumstände zuzurechnen;

aber man erhält bei objektiver Betrachtung die Chance, dem Menschen EXUPÉRY gerade im »Kleinen Prinzen« tiefer und unverstellter zu begegnen als in allen anderen seiner wunderbaren Schriften.

Es gibt im Werk EXUPÉRYS viele Züge, an denen man ihn verstehen muss, statt ihm zu glauben, und wenn es Leser geben sollte, die von dem hier entworfenen, in der Literatur bisher niemals so gesehenen Bild EXUPÉRYS sich mit dem Gefühl einer enttäuschten Liebe oder einer gekränkten Sympathie abwenden möchten, so sei doch gleich vorweg versichert: man kann einen Dichter, so groß wie EXUPÉRY, niemals in seinen Anliegen und Aussagen wirklich verstehen, ohne die Ahnung oder, besser, ohne den Glauben und die Zuversicht in eine Dimension der Wirklichkeit mitzubringen, die sich als noch liebenswerter, noch hoffnungsvoller, noch tröstlicher, noch menschlicher darbietet, als etwa selbst EXUPÉRY sie aus der Höhe seiner Weltbetrachtung sehen mochte. EXUPÉRYS Dichtung hat die Größe und den Wert eines prophetischen Aufrufs – aber gerade die größten unter den Propheten wurden am Ende in ihrer Botschaft widerlegt, indem man ihnen folgte: stets, wenn der Sturmwind ihres Munds sich legte, sprach Gott in der sanften Stimme eines »verschwebenden Schweigens« (1 Kön 19, 12), das nicht die Anstrengung, sondern die Güte wollte. Der »Kleine Prinz« wird auf diese Erde nur zurückkehren, wenn wir die Widersprüche aufzeigen und überwinden helfen, an denen er zugrunde ging. Der »Kleine Prinz« soll leben dürfen, hier auf dieser Erde – das ist zentral das Ziel des vorliegenden theologischen und tiefenpsychologischen

Essays, das in Wort und Bild die verdichteten Symbole der berühmten Märchenerzählung Exupérys in Richtung auf das eigene Leben weiterträumen möchte.

Vom Sinn einer Auslegung des »Kleinen Prinzen«

Jeder, der versucht, den »Kleinen Prinzen« auszulegen, steht in der Versuchung, ein »Affenbrotbaum« zu werden. Die »Boababs« sind so: sie zerstören durch ihre Aufgeblasenheit und Übergröße jeden geheimen Planeten des Glücks, sie zerwurzeln die Kinderwelt und zerwühlen die Traumwelt, ja sie zerwurmen mit dem Polypenwerk ihrer unersättlichen Gedankenbahnen jeden heilen Boden, aus dem die Schönheit einer Rose sich erheben könnte. Bringt nicht jede Deutung, eine tiefenpsychologische zumal, die Sprache der Dichtung um? Sie bringt sie um ihre Unmittelbarkeit und ersetzt sie durch Reflexion; sie bringt sie um ihre Wärme und Gefühlstiefe und ersetzt sie durch begriffliche Höhenflüge von Hypothesen und Abstraktionen; sie bringt sie um die verdichtete Einheit einer symbolischen Gesamtschau und löst sie auf in Analyse und Zergliederung. »Denn wenn du die Menschen verstehen willst, darfst du nicht auf ihre Reden hören.«[1]

Warum überhaupt also eine psychoanalytische Interpretation des »Kleinen Prinzen«? Warum die Bilder nicht einfach in ihrer einfachen Bedeutung belassen?

Weil, so muss man sagen, jede wirkliche Dichtung eine komplexe Wirklichkeit in einem vielschichtigen Symbol verdichtet und man die Sprache der Dichtung nur in einer eigentümlichen Mischung aus einfühlender Betrachtung und nachdenkender Analyse wirklich versteht.

Es ist wahr: man kann jedes traumnahe dichterische oder religiöse Bild in seiner Einbildungskraft und Verbindlichkeit zerstören, indem man es in seine Bestandteile zerlegt und so eine intellektuelle Distanz schafft, die jedes unmittelbare Gefühl ersterben lässt. Aber auch das Umgekehrte ist wahr: man kann eine dichterische Erzählung, einen Traum ihrer Wirklichkeit und Wirksamkeit berauben, indem man so handelt, wie es für gewöhnlich des Morgens beim Aufwachen geschieht: man belächelt beklommen oder belustigt die Traumbotschaften der Nacht und stellt erleichtert fest, dass alles nur ein Traum gewesen sei[2]; oder man gibt spielerisch-erzählend die Traumbilder seinen Freunden zum besten, ohne sich selber darin wiederzuerkennen und die diagnostische Schärfe des Geschehens zu würdigen. Schließlich kann man die eigenen Träume auch dazu benutzen, um der Wirklichkeit zu entfliehen. Gerade die Welt der Dichtung kann jederzeit die Funktion einer Droge für Intellektuelle übernehmen, und jede Lektüre wirklicher Dichtung, die nicht zu einer Selbstbetrachtung des Lesers gerät, missrät in ihrer eigentlichen Intention.

Also ist es unumgänglich, Dichtung auszulegen, und man wird nicht schon deshalb ein »Affenbrotbaum« vermeintlicher Selbstüberlegenheit, nur weil man überlegt, welches Stück Wirklichkeit sich in einem Stück Dichtung konzentriert. Freilich weicht eine Deutung von Dichtung in Richtung der in ihrer verdichteten Lebenswirklichkeit auf charakteristische Weise von einer literaturwissenschaftlichen Interpretation ab: wo es dieser um die Analyse der sprachlichen Mittel zu tun ist, in denen das Leben zur Dichtung umgestaltet wurde, geht es in unserem Falle um den Versuch, die Wirklichkeit selber zu beschreiben, die sich in einem literarischen (oder darstellenden) Kunstwerk verdichtet ausspricht; nicht um den künstlerischen Wert der Dichtung, sondern um ihren psychischen und existentiellen Wahrheitsgehalt geht es uns. Wenn ANTOINE DE SAINT-EXUPÉRY selbst von der Analyse sagte: »Die Logik steht mit den Dingen auf einer Stufe und nicht mit dem Knoten, der sie verknüpft«[3], so ist es unerlässlich zu sehen, inwieweit man selber die Verbindlichkeit des »Knotens«, der verdichtenden Vision, der dichterischen Sinnstiftung jenseits der »Logik« anzuerkennen vermag. Alle Dichtung EXUPÉRYS hat etwas Visionäres; sie versteht sich selbst als eine Art Mission der Menschlichkeit. Um so wichtiger ist es deshalb, zu untersuchen, welche Erfahrungen und Erkenntnisse, welche Motive und Zielsetzungen, welche persönlichen und zeitbedingten Eindrücke und Erlebnisse, welche humanen Evidenzen das Werk des französischen Dichters geprägt haben. Gewiss: »Der Schöpfer entzieht sich stets seiner Schöpfung. Und die Spur, die er zurücklässt, ist reine Logik«[4]; aber, wenn eine Schöpfung wirken will, so ist zu fragen nach dem Menschenbild, das in ihr lebt, und mithin nach dem Menschen, der sich darin abgebildet findet. Nicht ein unausrottbarer Hang zu (psycho-)logischer Zergliederung, sondern ein Streben nach existentieller Bewahrheitung macht die Deutung eines Kunstwerks nötig.

Es gibt noch einen anderen Grund. Millionen Menschen haben den »Kleinen Prinzen« gelesen, Millionen werden ihn lesen. Wenn in einigen Jahrhunderten die riesigen Bibliotheken unseres noch Bücher schreibenden Zeitalters auf einige wenige kennzeichnende Momentaufnahmen zusammengeschmolzen sein werden, so wie die Dichtung Dantes uns Heutigen bereits für »das« Mittelalter oder Shakespeares Dichtung für »das« Zeitalter Elisabeths stehen mag, wird man aus unserem blutigen, von verzehrenden Konflikten geschüttelten 20. Jahrhundert vielleicht nur zwei Dichtungen für wesentlich und kennzeichnend halten: Franz Kafkas »Schloss« und Exupérys »Kleinen Prinzen«.

Über Kafkas »Schloss« kann es keinen Zweifel geben: dieser Roman bietet auf unheimliche Weise den Schlüssel zum Verständnis der gegenwärtigen Krise des Menschseins. Nirgendwo sonst ist die Sinnlosigkeit und Entfremdung, die innere Zerrissenheit und Einsamkeit, die Ausgeliefertheit und Verlorenheit unserer Existenzweise beschwörender geschildert worden[5]. Vergangene Zeiten mochten ihr Konterfei in Mythen und Märchen, Sagen und Legenden malen; – Kafkas Roman ist ein Antimärchen, eine grausame Vision der Aussichtslosigkeit und Unentrinnbarkeit inmitten einer kalten, bürokratisch verwalteten, unbegreifbaren und unangreifbaren Welt, in der selbst die Metaphern der Hoffnung, die Märchenbilder von Stadt und Schloss, von Königreich und Auftrag, in Symbole des Unheils umgewertet sind. An sich scheint von daher niemand als Gegenzeuge der Verzweiflung berufener zu sein als der Autor des

Gegen-»Schlosses«, der »Stadt in der Wüste«, der »Citadelle«[6], und nicht zufällig liest man, wenn schon nicht diesen großen fragmentarischen Nachlass EXUPÉRYS, so doch seinen zeitgleich entstandenen »Kleinen Prinzen« wie ein Brevier der Hoffnung, wie ein Vademecum der Liebe. Wenn irgend der Beweis zu erbringen ist, dass selbst das verworrene 20. Jahrhundert Märchen von überzeitlicher Geltung hervorzubringen vermag, so scheint »Der Kleine Prinz« diesen Beweis zu liefern.

Dieses Büchlein zu untersuchen und seine psychische Welt zu erforschen, bedeutet daher nicht mehr und nicht weniger, als die Frage zu stellen, inwieweit es eine glaubwürdige Hoffnung des Menschlichen in unserer auf vielfache Weise unmenschlichen Zeit gibt oder doch geben kann. Spürbar leben wir inmitten einer sich endlos ausbreitenden Wüste, aber ob sie einen Brunnen birgt und wo er liegt – das ist die Frage. Wir werden also mit EXUPÉRY gemeinsam den Sternen- und Zisternenweg gehen müssen und sehen, wieviel Licht in der Nacht und wieviel Wasser in der Wüste wir finden; wir müssen versuchen, seine Botschaft zu verstehen, und wir werden zu prüfen haben, inwieweit sie trägt.

Die Botschaft

1. Das königliche Kind – Eine quasi religiöse Wiederentdeckung

Es ist erstaunlich: immer, wenn Dichter Wesentliches zu sagen haben, schöpfen sie aus dem Quell der religiösen Bilderwelt; so Exupérys Gestalt des »Kleinen Prinzen«.

Allerorten erzählen die Völker von Königskindern, die von verborgenen Teilen der Welt zu den Menschen kommen und alles mit anderen Augen zu sehen vermögen. Schon dieses archetypische Motiv besitzt eine religiöse Qualität. Weit näher noch an die religiöse Sprache aber schließt Exupéry sich an, wenn er von einem Königssohn erzählt, der von einem fernen Stern unter uns erschienen sei; nur kurze Zeit, versichert Exupéry, verweilte dieser Königssohn in unserer Welt, übers Jahr schon wartete auf ihn der Tod, und er musste heimkehren zum Licht der Sterne; und dennoch war seine Ankunft nicht umsonst, denn wir dürfen seither warten auf seine Wiederkehr, und es scheinen die Sterne uns anders im Dunkel der Nächte. Die Welt hat sich nicht geändert, seit der »Kleine Prinz« sie betrat; aber es ist möglich, sie mit seinen Augen zu sehen, und vieles, was uns jetzt ernst dünkt, erscheint dann lächerlich, vieles Lächerliche ernst, manches Große wirkt dann niedrig, manches Unscheinbare groß, und vieles lässt sich wiederentdecken an verleugneter Menschlichkeit –

darunter am meisten das Träumen, das Warten und das Lieben.

Was anderes verbindet die Religion mit der Gestalt des »göttlichen Kindes«, als dass unser Herz zurückfinden dürfte zu seinem Ursprung und unser Leben begänne noch einmal wie neugeboren in dem Umkreis einer Welt, in der die Tiere reden und die Blumen sprechen und die Sterne singen, wie im »Kleinen Prinzen«?

Es ist im Neuen Testament nicht wirklich ausgesprochen, was Jesus meinte, als er zu seinen Jüngern sagte: »Wenn ihr nicht werdet wie die Kinder, so werdet ihr nie die Macht Gottes in eurem Leben begreifen« (Mt 18, 3). Aber selbst wenn man sich hütet, in das Kindsein bestimmte romantisch-verklärende Inhalte hineinzuprojizieren[7], so wird man doch sagen müssen, dass ein »Kind« in religiösem Sinn über zwei Haltungen verfügt, die es ihm erlauben, sein wahres Wesen niemals zu verleugnen: die Haltung des Vertrauens und der Treue.

Religiös betrachtet, ist das »Kind« die Chiffre für ein Leben, das von einem unbeirrbaren Vertrauen in die Güte des Weltenhintergrunds getragen wird und deshalb der Angstsicherungen nicht bedarf, die das Leben der »Erwachsenen« von Grund auf formen und deformieren.

Solange ein Mensch Angst hat, wird er sich fürchten, »klein« zu sein; die Angst wird ihn vorwärtspeitschen, größer und immer »erwachsener« zu werden, bis er seinem eigenen Maß vollends entwächst und in wörtlichem Sinne »böse« wird[8]: aufgeblasen und unwirklich hinter der Als-ob-Fassade[9] nicht endender Scheinfertigkeiten und Scheinfähigkeiten. »Ihr könnt mit all euren angsterfüllten Anstrengungen das Maß eures Lebens doch nicht auch nur um eine einzige Elle vergrößern«, meint Jesus begütigend und beschwörend in der »Bergpredigt« (Mt 6, 27); aber es ist in der Angst nicht möglich, diese Wahrheit zu leben. Ein »Kind« ist ein Mensch, der gelernt hat, der Scheinwelt der ausgewachsenen Ängste der »Großen«, der Großtuer und Großsprecher, der chronisch geängstigten Angstverbreiter zu entsagen und in gewissem Sinne das Leben noch einmal von vorn zu beginnen: mit dem unverbrüchlichen Mut zur Wahrheit – auf ihr allein ruht der Segen Gottes für den, der sie annimmt (Mt 5, 3) – und zudem mit einer nicht endenden Sehnsucht nach einer Welt, die sanftmütiger, barmherziger, friedfertiger und insgesamt gerechter ist (Mt 5, 5–9). Ein solches »Kind« wird sich von der Macht, der Ruhmsucht, der Karriere und dem Geld der »großen« Leute nicht blenden lassen, weil es weiß, dass alles, was menschlich wahr ist und dem Frieden dient, nur den »Kleinen« einsichtig und zugänglich sein kann (Mt 11, 25). Dieses Gefühl des Vertrauens ermöglicht eine grenzenlose Offenheit. Die in der Welt der »Erwachsenen« so wichtigen *moralischen Unterschiede* zwischen gut und Böse etwa gelten nicht für jemanden, der um die scheinbare Allmacht der Angst und der Einsamkeit weiß und der zuinnerst fühlt, dass er nur gut zu sein vermag in dem Geschenk und in dem Glück der Liebe. So hört man Jesus im Neuen Testament sagen, dass Gott die Sonne aufgehen und es regnen lässt über Gerechte und Ungerechte (Mt 6, 45) – er, der Unendliche, muss sich gleich tief herabbeugen zu allen Menschen, zu den Hohen wie den Niedrigen, und ein jeder lebt allein aus seiner Gnade.

Ein solches »Kind« wie Jesus etwa konnte an einem Morgen auf dem Tempelplatz in Jerusalem das Wunder wirken, dass eine Gruppe von Menschen, die in einem Fall von Ehebruch mit Steinen in der Hand schon zu der gesetzlich verordneten Lynchjustiz an einem 12-jährigen Mädchen bereit standen, einen Moment lang den Dünkel der Gerechtigkeit aufgaben, mit dem Verurteilten innehielten und in das eigene Herz zu schauen wagten[10]. Im gleichen Sinne beschrieb FEDOR M. DOSTOJEWSKI in der Gestalt des Fürsten Myschkin ein solches wunderbares Kind, das fernab von den Verurteilungen und den Vorurteilen der anderen in einem Dorf in der Schweiz sich der geschändeten, verfemten und sterbenskranken Marie annahm und alle Kinder des Ortes, die ursprünglich, wie die Erwachsenen, das Mädchen verspotteten und sogar nach ihm mit Steinen warfen, eine unmittelbare Güte und ein grenzenloses Verstehen lehrte[11]. Die Liebe solcher »Kinder« ist universell – sie schließt nichts aus, was der Hilfe bedarf, gleich ob Mensch oder Tier, Hoch oder Niedrig.

Für die »Erwachsenen« sind die *sozialen Unterschiede* überaus wichtig, und es kommt ihnen mehr als alles sonst darauf an, was für ein Haus jemand gebaut hat, was für ein Auto er fährt und ob er weiß, welch ein Besteck man verwendet, um Fisch oder Hummer zu essen. Einem solchen »Kind«, wie Jesus es war, kam es nicht darauf an, ob seine Jünger sich die Hände vor oder nach dem Essen wuschen, aber was im Herzen eines Menschen vor sich ging, welche

Gedanken und Gefühle er in sich trug, das entschied in seinen Augen darüber, was für ein Mensch er war (Mk 7, 1–13). Ganz ähnlich schilderte Georges Bernanos in der Person des »Landpfarrers« ein solches »Kind«, das der vornehmen Frau von Chantal, die um den Tod ihres Sohnes untröstlich trauerte und verzweifelt mit Gott haderte, ihr Kind zurückgab durch das Gefühl einer tieferen Geborgenheit in Gott[12].

Religiös ist ein »Kind«, wer im Vertrauen auf Gott die Menschenfurcht besiegt hat und daher Raum besitzt für solche einfachen Wahrheiten des Herzens. Wem immer man in seinem Leben Gott als seinem Vater glauben kann, der ist religiös gesehen ein »Kind« Gottes; ihm vermag man zu begegnen wie einer Schwester oder wie einem Bruder in einer absichtslosen Güte, die weder in Besitz nimmt noch versklavt. Und wenn man solch ein »Kind« als »Prinz« oder »Prinzessin« anreden möchte, dann, weil man in seiner Nähe sich selber eingeladen fühlt, als Gast in einem unsichtbaren Königreiche an der Tafel eines ewigen Königs Platz zu nehmen, indem man sich selbst an seine eigene Herkunft aus dem Licht des Himmels auf das lebhafteste wieder zu erinnern vermag. »Mit dem Himmelreich verhält es sich wie mit einem König, der seinem Sohn die Hochzeitsfeier vorbereitete«, sagte im Neuen Testament Jesus von der Auszeichnung und Berufung unseres Daseins (Mt 22, 2).

Gemessen daran, greift der »Kleine Prinz« Exupérys wohl unzweifelhaft entscheidende Motive der religiösen Vorstellungswelt auf – es gäbe seine Gestalt durchaus nicht und er wäre gar nicht vorstellbar ohne den symbolischen und geistigen Hintergrund des Christentums, und doch lebt der »Kleine Prinz« nur wie ein flüchtiger Schatten des einst mächtigen religiösen Lichtes, und die Traurigkeit und Melancholie, die Sphäre der Sonnenuntergänge und der Einsamkeit, die ihn umgibt, ist wie ein Nachruf für etwas, das leben müsste und doch nur als Schemen gegenwärtig ist. Denn so romantisch verträumt der »Kleine Prinz« auch wirken mag, so verdichtet in ihm auch die großen religiösen Wahrheiten anklingen und so menschlich sympathisch man seine Kritik an der Welt der Erwachsenen mit ihrem Aberglauben an Zahlen und Äußerlichkeiten auch finden wird – im Grunde ist selbst diese großartige Dichtung vom »Kleinen Prinzen«, dieses schönste Märchen des 20. Jahrhunderts, wie ein unfreiwilliger Beweis, dass die Zeit wie unerreichbar fern erscheint, in der das Träumen noch geholfen hat und Märchen sich erfüllen konnten.

Denn während sonst die großen Träume der Völker erzählen, wie Erwachsene an sich selbst das Wunder der Wiedergeburt, symbolisiert in einem ihrer Kinder, zu erfahren vermögen, oder wie Kinder ihre Eigenart bewahren können, auch wenn sie unter zumeist lebensbedrohlichen Gefahren erwachsen werden, beschreibt der »Kleine Prinz« eine Begegnung ohne Verschmelzung, eine Erinnerung ohne Synthese, eine Vision ohne Aussicht.

Es handelt sich um eine Geschichte, die mit der Schilderung einsetzt, was Erwachsene in einem Kind alles zerstören können, noch ehe sein Leben wirklich begonnen hat; und diese Dichtung, die dem Wort nach einem Erwachsenen gewidmet ist, richtet sich doch an das Kind, das dieser Erwachsene einst war. Wohl beschwört sie alle Kinder dieser Erde, dem Prunk der Erwachsenen nicht Glauben zu schenken und die Einfalt ihres Herzens zu bewahren. Aber sie zeigt nicht, welch eine Chance ein »Erwachsener« haben könnte, sein Unwesen zu wandeln und zu sich selbst, zu seiner ursprunghaften Kindlichkeit zurückzufinden; und noch weniger verrät sie darüber, wie der »Kleine Prinz« sein geheimes Königreich auf dieser Erde antreten könnte. Im Gegenteil, am Ende kehrt der »Kleine Prinz« auf seinen winzigen Planeten zurück aus Treue zu seiner »Rose«, während der abgestürzte Flieger sein »erwachsenes« Leben wieder aufnimmt, sehnsüchtiger, ohne Zweifel, als zuvor und trauriger denn je, aber gleichwohl außerstande, die Gestalt des »Kleinen Prinzen« in sein eigenes Dasein aufzunehmen.

Gewiss, auch das Christentum berichtet davon, dass das »göttliche Kind«[13] auf dieser Welt von Anfang an verfolgt, vertrieben und schließlich getötet wurde, auch das Christentum spricht von dem Warten auf die Wiederkehr des göttlichen Gesandten, dessen Gestalt wir bereits kennen und dessen Botschaft wir vernommen haben. Aber religiös ist das »göttliche Kind« eine Chiffre für den Typus eines von Grund auf erneuerten und erlösten Daseins; der »Kleine Prinz« hingegen verkörpert idealtypisch die sehnsuchtsvollen Inhalte eines nie gelebten Lebens; er ist die bloße Gegenchiffre zu der unmenschlichen Welt der »Erwachsenen«. Während die Religion von einem Traum erzählt, der Wirklichkeit geworden ist und daher jederzeit wieder wirklich werden kann und sollte, erzählt EXUPÉRYS Geschichte von einem Traum, der niemals wirklich war und dessen Verwirklichung nicht abzusehen ist. Das »göttliche Kind« der Religion verkörpert ein Leben, das den Tod überwunden hat; der »Kleine Prinz« verkörpert eine Kindlichkeit, die nie zum Leben zugelassen wurde; nicht das auferstandene – das von Grund auf erstickte Leben lebt in ihm; er verkörpert, was im Menschen angelegt war und wozu er berufen wäre, fiele nicht von außen her nur allzufrüh der Frost über die ersten Frühlingsblüten.

Eine biographische Notiz aus »Wind, Sand und Sterne«, in der EXUPÉRY zum ersten Mal das Bild von den »kleinen Prinzen im Märchen« gebraucht, verdeutlicht mehr als jeder Kommentar, in welchem Sinn diese Chiffre gemeint ist. Es handelt sich um die Schlussszene, in der EXUPÉRY im Eisenbahnabteil sich seine Gedanken über die Mitreisenden macht[14].

»Ich setzte mich einem Paar gegenüber. Zwischen Mann und Frau hatte sich das Kind ein Nestchen gebaut, so gut es ging, und schlief. Einmal wendete es sich doch im Schlaf, und sein Gesichtchen erschien mir im Licht der Nachtbeleuchtung. Welch liebliches Gesicht! Diesem Paar war eine goldene Frucht geboren; aus den schwerfälligen Lumpen war eine Vollendung von Anmut und Lieblichkeit entsprungen. Ich beugte mich über die glatte Stirn, die fein geschwungenen Lippen und sah: das ist ein Musikerkopf – das ist Mozart als Kind, eine herrliche Verheißung an das Leben! So sind nur die kleinen Prinzen im Märchen. Was könnte aus diesem Kind, wenn es behütet, umhegt, gefördert würde, alles werden! – Wenn in einem Garten durch Artwechsel eine neue Rose entsteht, fasst alle Gärtner größte Aufregung. Man verwahrt die Rose, man pflegt sie, man tut alles für sie. Aber für die Menschen gibt es keinen Gärtner. Das Kind Mozart wird wie alle anderen vom Hammer zerbeult. Vielleicht empfängt es einst seine höchsten Wonnen von einer entarteten Musik in der stickigen Luft eines Nachtcafés. Mozart ist zum Tode verurteilt. – Ich kehrte in mein Abteil zurück, und meine Gedanken gingen mit: ›Diese Leute leiden gar nicht unter ihrem Los. Nicht Nächstenliebe bewegt mich hier. Ich will mich nicht über eine nie verheilende Wunde erbarmen; denn die Menschen, die sie am Leibe tragen, fühlen sie nicht. Aber das Menschliche ist hier beleidigt, nicht der einzelne Mensch. An Mitleid glaube ich nicht, aber ich sehe die Menschen an wie ein Gärtner. Darum quält mich nicht die tiefe Armut, in der man sich schließlich ebensogut zurechtfindet wie in der Faulheit. Generationen von Morgenländern leben in Schmutz und fühlen sich wohl dabei.‹ Mich quält etwas, was die Volksküchen nicht beseitigen können. Nicht Beulen und Falten und alle Hässlichkeit; mich bedrückt, dass in jedem dieser Menschen etwas von einem ermordeten Mozart steckt. – Nur der Geist, wenn er den Lehm behaucht, kann den *Menschen* erschaffen.«

Der »Kleine Prinz« als »ermordeter Mozart«, als wehmütige Erinnerung und klagende Hoffnung an ein Leben, das zu Großem berufen wäre, wenn man es nur ließe, aber das man im Keim verstumpft und verdummt hat, indem man an die Stelle jeder geistigen Sensibilität und Wachheit den Terror der Betäubung durch die organisierte Vernichtung der Gefühle gesetzt hat: an die Stelle von künstlerischer Produktivität, der Wirklichkeit von Traum und Phantasie, den Rummel der Unterhaltung und die Verflachung des Massenkonsums; an die Stelle der Musik, des Hörens auf den Gesang der Sphären und der Dinge, das elektronische Gestampfe; an die Stelle der Dichtung, der Poesie, der Zärtlichkeit und Liebe, die Wortkaskaden des Zynismus und die Gefühlskälte logischer und linguistischer Zergliederungen; an die Stelle der Malerei, des Erschauens der verborgenen Wesensgestalt von Dingen der Welt, die marktschreierische Prostitution und Deformation der Schönheit; an die Stelle des Gebets, der schweigenden Erfahrung des Heiligen, die Veräußerlichung aller Worte, die systematische Zerstörung der Seele – also, dass es den Musiker, den Dichter, den Maler, den Priester als Grundgestalten der menschlichen Wahrnehmungsfähigkeit und des menschlichen Ausdrucksvermögens nicht mehr gibt – wegrationalisiert, wegoperiert, wegpraktiziert sie alle. Nein, Exupérys »Kleiner Prinz«, selbst er, zeigt nicht, wie wir als »Erwachsene« leben könnten, er beklagt, dass wir »erwachsen« geworden sind. Der Sündenfall ist geschehen, und es ist nicht abzusehen, wie wir ins Paradies zurückkehren könnten. Es ist im Gegenteil schon viel gewonnen, wenn wir zumindest einer gewissen Wehmut wieder fähig würden und wiederzuentdecken begännen, was tief in uns verborgen liegt und sich zum Leben melden möchte. Als Seelenbild des in uns noch vor dem Leben Getöteten ist der »Kleine Prinz« zu verstehen, als Erinnerungschiffre des

Verlorenen, als ewiges Portrait des Ungelebten und doch unbedingt zu Lebenden.

Wer aber sind dann Mozarts Mörder? Wer diese philisterhaften Seelentöter und Erwürger der Menschlichkeit? Die Antwort kann nur lauten: es sind die Menschen, die wir selber zumeist für »erwachsen« halten, die Menschen, die sich eingerichtet haben in der Normalität ihrer Gefühlskälte, ihrer Zynismen und ihrer Hoffnungslosigkeiten, die wir bewundern, weil sie es fertigbringen, auf nichts mehr zu hoffen und auf nichts mehr zu warten, die mitten im Leben gestorben sind, weil sie buchstäblich »fertig« sind und alles fertigmachen, was nicht, wie sie »erwachsen« ist.

2. Die Erwachsenen – Portraits der Einsamkeit

Nähert man sich, auf den Spuren des »Kleinen Prinzen«, buchstäblich wie von einem fremden Stern mit den unverfälschten Augen eines »Kindes« der Welt, die uns bis zum Überdruss vertraut ist und alltäglich, so enthüllt sie sich als ein Panoptikum der Eitelkeit, der Nichtigkeit und der kompletten Unfähigkeit, irgend etwas zu lieben außer sich selbst, als ein Kaleidoskop verschrobener Egozentriker, die jeder für sich einen eigenen Planeten bewohnen, um Lichtjahre entfernt von allen Menschen wie von aller Menschlichkeit, Wesen, die sich für »ernsthafte Leute« halten, nur weil sie alles in Zahlen verwandeln, während sie doch selber nur »Schwämme« sind, die alles aufsaugen, ohne es innerlich zu verwandeln, einfach nur, um sich damit vor den anderen »schwer« und »dick« zu machen[15].

So erlebt man auf der Planetenreise des »Kleinen Prinzen« als erstes das traurige Schauspiel des einsamen, vergreisten *»Königs«*, der alle Menschen nur als seine Untertanen zu betrachten vermag und der, was immer auch geschieht, mit seinem Befehl zu bestimmen wähnt. Der Raum seiner Welt, ganz bedeckt vom Hermelin seines Mantels, ist winzig klein, aber nicht einmal diese seine Welt hat er ernstlich kennenzulernen versucht. Er, der vermeintlich uneingeschränkte Monarch, dessen Wille über alles ringsum zu gebieten scheint, hat von der wirklichen Welt nicht die geringste *Vorstellung*[16]. Sein Umgang mit den Menschen beschränkt sich allein auf die Frage, wozu er sie im Rahmen seiner fiktiven Machtinteressen gebrauchen und einsetzen kann, und es zeigt sich dabei sogleich, dass die »Prinzipien« seiner praktischen Vernunft vollkommen abstrakt und menschenfremd sind. Immerhin hat dieser »König« gelernt, dass Autorität sich auf Vernunft stützen müsse und dass er von daher nur befehlen könne, was im Gang der Natur selbst vorgesehen sei; insofern möchte man ihn für ungleich gütiger und weiser halten als die meisten der vorschnell senil gewordenen, in Macht erstarrten »großen Leute« dieser Welt; ja man möchte, wann irgend man zu einem von ihnen als »Untertan« geladen wird, geradewegs den »Kleinen Prinzen« mitnehmen und ihnen daraus, diesen »König« zitierend, vorlesen: »Wenn ich einem General geböte, nach Art der Schmetterlinge von einer Blume zur anderen zu fliegen oder eine Tragödie zu schreiben oder sich in einen Seevogel zu verwandeln, und wenn dieser General den erhaltenen Befehl nicht ausführte« – so wäre es nicht die Schuld des Generals[17].

Man kann Banausen und Pragmatiker nicht in Poeten und Himmelsstürmer verwandeln wollen – dieser Weisheit des Königs ist nur zuzustimmen; gleichwohl geschieht dieses Befehlen wider die Natur auf Erden immer wieder, stets unter dem Pomp und der Feierlichkeit einer erhaben-langweiligen Etikette, im Gewande gottgleicher Weisungen und mit dem Anspruch unterwürfigen Gehorsams. Aber noch weit grausamer, als dass man »Generälen« befiehlt, den »Dienst« von »Schmetterlingen« zu vernichten, mutet es immer wieder an, wenn man Menschen mit der Sensibilität, der Zärtlichkeit und Schönheit von »Schmetterlingen« dazu zwingt, sich selbst und andere in Reihe und Glied antreten zu lassen; und gerade dies versucht der »König« mit dem »Kleinen Prinzen«.

Wohl gibt er vor, begriffen zu haben, man könne nur befehlen, wenn man selber fähig sei zum Gehorsam; aber er verzichtet durchaus nicht auf seine eingebildete Allmacht und überlässt die Dinge deshalb noch keinesfalls ihrem eigenen Gang. Im Gegenteil besteht er auf dem wesensfremden Befehl, den »Kleinen Prinzen« zum »Richter« einzusetzen, nur um die alte Ratte auf seinem Planeten zum Tode zu verurteilen. Selbst also, wo dieser »König« »Weisheit« kündet, redet er absichtsvolle und einsichtslose Phrasen daher, die nur seinen eigenen Nimbus vergrößern und seine objektive Ohnmacht kaschieren sollen. In Wahrheit ist er, der so verständig und milde tut, ein grausamer Despot, der es liebt, andere in Schrecken zu versetzen, damit sie ihr Leben lang abhängig werden von seiner »Gnade«.

Zu dem Charakter solcher seniler Monarchen gehört es, dass sie stets urteilen, verurteilen und aburteilen müssen, und man kann sie nicht korrigieren – der Panzer ihrer Vorurteile ist undurchdringlich. So hat auch der »Kleine Prinz« im Grunde dem alles befehlenden »König« nichts zu sagen, und es zählt zu den traurigen Feststellungen dieses »Märchens« vom »Kleinen Prinzen«, dass an keiner Stelle auch nur im entferntesten angedeutet ist, wie sich einer der

»großen Leute« zu seinem eigenen Vorteil wandeln könnte. Ihre Dialogunfähigkeit, ihre seelische Isolation, ihr narzisstisches Getto ist absolut; – es ist von vornherein zwecklos, mit ihnen zu reden, und selbst wenn man sich von ihnen trennt, werden sie sogar den erzwungenen Kontaktabbruch noch als Triumph ihrer überragenden Bedeutung interpretieren: Der »Kleine Prinz«, als er sich irritiert, gelangweilt und angewidert von dem »König« verabschiedet, hört noch, wie dieser »Monarch« ihn zu seinem »Botschafter« ernennt; aber wovon könnte er berichten, außer dass ein solches Leben der Macht sich nicht lohnt und wenig dazu angetan ist, das Glück eines Menschen zu befördern? »Wenn jemand der Erste sein will, sei er der Letzte von allen und der Diener von allen« – das wäre die einzige Botschaft, die von dem Planeten des »Königs« aus der Sicht der »Kinder« auf die Welt zu bringen wäre (Mk 9, 35.36); aber diese Botschaft wäre das Ende aller »Könige«, und darauf ist im »Kleinen Prinzen« nicht zu hoffen. Man kann die »Könige« übergehen; verändern kann man sie nicht.

Gleichwohl gibt es Menschen, die noch schlimmer sind als sie. Die »Könige« wollen anerkannt sein in ihrem Rang und ihrer Rolle; sie sind stolz auf und durch ihr Amt. Ärger sind *die Gecken*, die den Fürwitz pflegen, allein schon durch ihr Dasein vor allen anderen ausgezeichnet und vortrefflich dazustehen. Auch sie verurteilen sich in ihrer Gier nach Bewunderern und Claqueuren auf der Stelle zu einer Welt gnadenloser Einsamkeit. Man kann nicht lange mit einem Menschen zusammen leben, der stets nur eine einzige Frage auf den Lippen hat: wie man sein Aussehen lobt und sein

Ansehen hebt, wie man seine Absichten preist und seinen Ansichten Ehre erweist, und wie man in allem sich selbst zum Spiegel seiner gefälligen Selbstbetrachtung erniedrigt. Die wirklich »großen Leute« ertragen sich selber nur als die Größten, und sie können einem anderen Menschen nur begegnen, indem sie sich vor ihm spreizen und plustern, um wenigstens ein Stück weit in seinen Augen als schöner, besser und intelligenter zu gelten. Jedes Zusammentreffen mit anderen verwandelt sich daher für die »großen Leute« in einen unerbittlichen Konkurrenzkampf um die Gunst ihrer Mitmenschen; aber paradox genug: man kann die narzisstischen Launen der Selbstbespiegelung und der Bewunderungssucht eine gewisse Zeitlang vielleicht amüsant finden, doch recht bald beginnt man die armselige Monotonie, die unerträgliche Selbstbezogenheit, die pure Interessenlosigkeit des »Eitlen« am Schicksal anderer zu bemerken, und von diesem Moment an kann man ihm gerade das, wonach er am meisten hungert, am wenigsten zuteil werden lassen: Achtung, Wertschätzung und Anerkennung.

So gewiss der herrschsüchtige und allmachtswahnsinnige »König« seine komplette Ohnmacht erkennen muss, so sicher ist es dem »Eitlen« bestimmt, bei seinem egozentrischen Verlangen nach Anerkennung und Bewunderung nichts als Ablehnung und Verachtung einzuheimsen. Doch er wird daraus so wenig lernen wie der »König«. Mit jeder Frustration wird er im Gegenteil nur um so gejagter, um so ehrgeiziger und um so aufdringlicher den anderen um ein Lob für seine Unvergleichlichkeit anbetteln, und immer wieder wird er erleben, dass er die Feindschaft und geheime

Rache des anderen mit seinem Konkurrenzdenken, mit seiner Äußerlichkeit und mit der Oberflächlichkeit seiner Selbstzurschaustellung nur um so sicherer provoziert. »Sorgt euch nicht um das, was ihr anziehen werdet, wie ihr euch kleidet – um all das kümmern sich die Menschen, die Gott nicht wirklich kennen«, sagt Jesus einmal in der Bergpredigt (Mt 6, 31f), um anzudeuten, dass ein jeder Mensch eine unverlierbare Schönheit besitzen könnte, mehr als die der Spatzen und der Lilien, und dass ein Wert nicht von der Eleganz der Kleider und Krawatten abhängt, aber welcher »Große« vernimmt diese einfache Botschaft der »Kinder«?

Immerhin sucht der »Eitle« wenngleich vergeblich, in gewisser Weise noch nach einer menschlichen Beziehung. Man kann auf der Stufenleiter der unerfüllten Lebensgier, der einsamen Selbstbezogenheit und der traurigen Maßlosigkeit noch einen Schritt weiter gehen, und man gelangt zu dem Planeten des Säufers. Er ist, wenn man so will, die zusammengebrochene Eitelkeit, ein Mann, der seinen eigenen Anblick nicht mehr erträgt und statt an sich zu arbeiten und den Gründen seines Selbsthasses nachzugehen, es vorzieht, sich selber zu vergessen. Es gibt ein gewisses Maß der Selbstverachtung, an dem es subjektiv fast schon wie eine Pflicht erscheint, sich so schändlich wie möglich zu machen[18]. Die Enttäuschung über die Unerreichbarkeit der eigenen Größe nötigt zu einer Verzweiflung aus Schwäche[19] und führt zu dem resignierten Versuch, sich fortan in Selbstmitleid und Wehmut einzupökeln[20]. Von den anderen Menschen ist nichts mehr zu erhoffen – wie sollten sie auch

Mitleid haben mit solch einem Elenden und Haltlosen, mit einem Menschen, der sich selbst verloren hat und selbst verloren gibt[21]? Und so klammert sich der Süchtige an ein totes Ding wie einen Fetisch, als besäße es die Macht, das verlorene Leben anstelle der Menschen zurückzuschenken oder doch wenigstens vor dem Anblick der anderen Menschen und am meisten vor der eigenen Erbärmlichkeit zu schützen[22]. Schon sehr bald schließt sich auf diese Weise der Teufelskreis, und aus dem Hilfsmittel gegen die eigene Selbstverachtung wird nach und nach die Hauptursache immer größerer Abhängigkeiten, Doppelbödigkeiten und einer nicht endenden Kette erniedrigender Niedrigkeiten. An die Stelle menschlichen Kontaktes tritt der Selbstgenuss des Rausches, und die Augenblicke trunkener Selbstvergessenheit, die das Gefühl des Selbstekels ersticken sollen, dienen in Wahrheit nur dazu, das Lastgewicht der eigenen Jämmerlichkeit bis zum Unerträglichen zu vermehren. Immer wieder mag es vorkommen, dass andere, wie der »Kleine Prinz«, durch den Anblick einer solchen Selbstversklavung der Sucht zu Mitleid gerührt werden. Wie aber soll man Menschen helfen, die jede Aussprache, jede Klärung, jede Anstrengung an sich selber scheuen und die subjektiv unbedingt an dem Bild des »großen« »Erwachsenen« festhalten möchten, während sie sich objektiv immer kindischer benehmen und schließlich nur noch darum betteln, dass man sie in Ruhe lässt?

Am Ende gleicht das Leben eines solchen Menschen dem Manne, der im Evangelium sein »Talent« aus lauter Angst vor der Abrechnung vergräbt und schließlich mit seinem vertanen Leben wirklich gar nichts mehr vorzuweisen hat (Mt 25, 24–30).

Neben dieser Dreiergruppe der negativen Selbstgenießer warten auf den »Kleinen Prinzen« indessen noch drei andere »Planeten«, besetzt mit Charakteren, die auf perverse Weise in die Welt hineinstürzen, nur um darin unfehlbar ihr Unglück zu machen. Sie alle mögen auf ihre Weise tatsächlich zu einsamer Größe gelangen – in Wirklichkeit ist nur ihre Einsamkeit groß, und bewundernswert an ihnen allein ihr Unverständnis für das, was wahre Größe ist. Der Selbstruin des *Alkoholikers* kann den Versuch portraitieren, die ganze Welt zu inhalieren, nur um sich selbst um den Verstand zu bringen; die umgekehrte Form der Sucht ist die *Habgier*, die scheinbar so scharfsinnige und in Wahrheit so absurde Verwandlung der gesamten Welt in ein Geschäfts- und Warenhaus, bis hin zum durchaus möglichen Ruin dieses Planeten[23].

Vielleicht muss man an dieser Stelle, wo es im Grunde um das Verhältnis der »großen Leute« zur Natur geht, einmal die Stimme mancher »Kinder der Natur« vernehmen, um die kulturkritische Aktualität des »Kleinen Prinzen« gegenüber der Welt von »business«, »profit« und »marketing« zu begreifen. »Es ist eine widerliche Arroganz des weißen Mannes«, erklärte z. B. der Sioux-Schamane Tahca Ushte, »sich über Gott zu stellen und zu sagen: ›Dieses Tier werde ich leben lassen, denn es bringt Geld.‹ Oder: ›Dieses Tier muss weg, es rentiert sich nicht, der Raum, den es besetzt, kann ertragreicher genutzt werden‹.«[24] »Für den Weißen hat jeder Grashalm und jede Wasserquelle ein Preisschild.«[25] »Und langsam wird die Prärie eine Landschaft ohne Leben – keine Präriehunde mehr, keine Dachse, keine Füchse, keine Kojoten. Die großen Raubvögel haben sich natürlich auch von den Präriehunden ernährt. Heutzutage siehst du nur noch ganz selten einen Adler. Der Weißkopfadler ist das Symbol dieses Landes. Du siehst ihn auf eurem Geld, aber euer Geld tötet ihn. Wenn ein Volk anfängt, sein eigenes Symbol zu vernichten, dann ist es nicht gerade auf dem besten Weg.«[26]

In gleichem Sinne meinte der Indianer Tatanga Mani: »Vieles ist töricht an eurer sogenannten Zivilisation. Wie Verrückte lauft ihr weißen Menschen dem Geld nach, bis ihr so viel habt, dass ihr gar nicht lange genug leben könnt, um es auszugeben. Ihr plündert die Wälder, den Boden, ihr verschwendet die natürlichen Brennstoffe, als käme nach euch keine Generation mehr, die all dies ebenfalls braucht.«[27] Abgesehen von dem »ökologischen« Akzent, der auch Exupéry nicht gänzlich fremd ist[28], aber im »Kleinen Prinzen« von ihm nicht direkt angesprochen wird, läuft diese Kritik der »Kinder der Natur« an unserer »Kultur« auf den gleichen Punkt hinaus, den auch der »Kleine Prinz« an bestimmten »großen Leuten« für schlechterdings irrwitzig halten muss: die zwanghafte Neigung, alles, was immer es sei, in zahlbares und zählbares Geld zu verwandeln.

Man kann vom Geld sagen, dass sein Wert darin besteht, ein universales Tauschmittel zu sein, und schon diese gewissermaßen abstrakte Eigenschaft des Geldes führt leicht zu dem Aberglauben, dass mit Geld alles nur Denkbare und

Wünschenswerte einzukaufen wäre, zu leicht entschwindet dem Bewusstsein die einfache Tatsache, dass wirklich wünschenswert nicht die feilgebotenen Dinge sind, sondern dass es, mit Exupéry zu sprechen, um die geistige »Verknüpfung« der Dinge geht – Freunde z. B. kann man nicht im Kaufladen erwerben[29]. Die Gefahr des Geldes liegt darin, dass es sich von einem Tauschmittel für alle möglichen Dinge selbst in den Inbegriff aller möglichen Werte, in ein Ding an sich verwandelt. Mit Geld umzugehen bedeutet fortan nicht mehr, die Dinge zu »genießen«, die man – immerhin – mit Geld einkaufen kann, – es muss jetzt darum gehen, möglichst viel Geld zu erwerben, um möglichst viel (nicht zu kaufen, sondern) kaufen zu können.

Gerade so definiert man den Mann des Geldes, den Kapitalisten, dass er auf jeglichen privaten Genuss seines Geldes verzichtet, um mit viel Geld noch viel mehr Geld zu machen. Nichts kann einen solchen Menschen, wenn er »erwachsen« ist, noch unerreichbar scheinen; er ist daran gewöhnt, dass man mit Hilfe des Geldes alles in Eigentum verwandeln kann: Berge, Seen, Wälder, Wüsten und Küsten, Steppen und Meere – alles, mitsamt den unzähligen Tier- und Pflanzenarten, wird demjenigen gehören, der am meisten dafür zahlen kann, und wiederum wird er gerade so viel dafür bezahlen müssen, wie man vermutlich im Durchschnitt aus dem Besitz derartiger »Kaufobjekte« an Geld gewinnen kann[30]. Tatsächlich: warum sollte man nicht beginnen, den Mond und die Sterne zu verkaufen? Man muss nur »busy« und »quick« genug sein, um möglichen Konkurrenten zuvorzukommen – nicht nur der Raum des

Weltalls ist zu kaufen, auch Zeit ist Geld. Und je mehr das Geld das Leben prägt und verschlingt, desto mehr nimmt es selbst den Charakter von etwas Lebendem an. Wenn viel Geld das beste Mittel ist, um noch mehr Geld zu gewinnen, so gelangt die Logik des Geldes zu ihrem wahren Triumph, wenn man begreift, dass es mit Geld nichts Kostbareres zu kaufen gibt als wieder Geld: man muss die Möglichkeiten, mit Geld noch mehr Geld zu gewinnen, selbst als den wahren Wert des Geldes verstehen lernen.

In diesem Augenblick haucht das Genie des Kaufmanns dem Gelde eine Seele ein: es hört endgültig auf, gewisse Dinge als Tauschmittel zu bedeuten, von nun an beherrscht es als das einzige Bedeutende das gesamte menschliche Handeln; es vermehrt sich selbst auf den Banken, es regiert in den Parlamenten, es designiert Kaiser, Päpste und Könige, es ist unendlich mächtiger als alle Mächtigen – nichts ist, was nicht Eigentum des Geldes wäre. »Fast dichterisch« findet der »Kleine Prinz« diese Allbeseelung und Allmachtsverleihung des Geldes, aber es handelt sich um die Phantasie von Wahnsinnigen, um die Halluzination eines Alptraums, den man für nicht wirklich halten würde, wenn er sich nicht allerorten als die eigentliche Wirklichkeit behaupten könnte. Der »Säufer« in seiner Alkoholsucht mochte sich in den Rausch hineinsteigern, um sich selbst und die Welt zu vergessen – er ruinierte dabei nur sich selber. Der Geldsüchtige hingegen verwandelt die ganze Welt in das Rauschmittel seiner Sucht, alles zerstörend, alles verwüstend. »Denn was nützt es dem Menschen, wenn er die ganze Welt gewinnt, dafür aber Schaden an seiner Seele nimmt?« (Mk 8, 36). Ein Mensch, der alles mit Geld kaufen will und kann, muss zuvor selbst mit Leib und Seele sich dem Geld verkauft haben, und je reicher er wird, desto ärmer wird er[31]. Aber er wird es nicht mehr merken. Er ist im tiefsten Sinn des Wortes »unnütz«, eine ganz und gar parasitische Existenz, deren süchtige Egozentrik keines Dialoges, keiner Belehrung und keiner Einsicht fähig ist. Auch ihm hat der »Kleine Prinz« nichts zu sagen; sein Erscheinen bedeutet für den »großen« »Geschäftsmann« nichts weiter als eine lästige Zeitverschwendung, und so verschwindet der »Kleine Prinz« tunlichst recht bald.

All den »erwachsenen« »Planetenbewohnern« bisher war gemeinsam, dass sie wie unter Hypnose bestimmten Zielen nachjagten, die, so widersinnig und absurd auch immer, subjektiv als durchaus eigennützig konzipiert waren. Groteskerweise bleibt dem »Kleinen Prinzen« jedoch das Schauspiel nicht erspart, dass die »großen Leute« sogar die Treue und Pflicht in eine egozentrische Narretei zu verwandeln vermögen.

Das Beispiel par excellence dafür liefert auf dem fünften Planeten der *»Laternenanzünder«*, ein Mann, der, wie all seine Vorgänger auf den Spuren dieser blanken Travestie des Humanen, weder einen persönlichen Namen noch ein persönliches Antlitz trägt, nur eine Berufsbezeichnung, eine Dienstangabe, mit der sein ganzes Dasein unauflöslich verschmilzt. Er ist ein Mensch, der auf die Frage: »Wer bist du?«, korrekterweise sagen müsste: »Ich bin (im) Dienst.« Für diesen Mann ist es nicht wichtig, warum er etwas tut, welch ein Sinn sich damit verbindet oder welch einem Zweck es dient; wichtig allein ist für ihn die Dienstvorschrift, sie möge besagen, was sie wolle. Längst haben die Zeiten sich geändert, in denen die Anweisung zum »Laternenanzünden« sich noch in den Gang der Dinge fügen mochte – weit schneller dreht sich inzwischen der kleine Planet dieses Mannes; aber welch einen »Beamten« im »Dienst«, welch einen »ausgewachsenen« Funktionalisten und Traditionalisten könnte es schon Eindruck machen, dass seine Arbeitsanweisung, d. h. in diesem Falle buchstäblich seine Weltanschauung, hoffnungslos veraltet ist? Statt innezuhalten, nachzudenken und sich eine eigene Korrektur zu getrauen, wird ein solcher »Diensthabender« immer atemloser dem immer rascheren Lauf der Welt hinterherkeuchen; denn: »Dienst ist Dienst«, und: »Vorschrift ist Vorschrift«, und: »Man muss seine Pflicht tun«, und: »Morgenstund' hat Gold im Mund«.

Es gäbe nur eine einzige Erlösung aus dieser Hölle der Pflicht, und der »Kleine Prinz« versucht sie vorzuschlagen: der »Laternenanzünder« müsste sich gestatten, einmal »privat« dem Weg der Sonne nachzugehen und der Schönheit der Sonnenuntergänge nachzuträumen; er müsste sich getrauen, jenseits der »Dienstzeit« die »Lebenszeit« wiederzuentdecken[32], – sein »Planet« wäre klein genug dazu. Doch umsonst. Immer rastloser spaltet das Leben dieses »Opfers im Dienst« sich auf in der Strapaze des Berufs und in den aussichtslosen Wunsch nach »Ruhe« im Sinne von »Schlaf«, »Abschalten« und »Verlöschen«, und immer hektischer, immer ermüdeter versieht dieser Mann seinen Dienst – ein Süchtiger auch er, unbelehrbar auch er, unfähig zur Wandlung, wie all die »großen Leute«, und außerstande vor allem, seinen Willen in Übereinstimmung mit seinem Tun bzw. sein Tun in Übereinstimmung mit seinem Willen zu bringen. Er, der so treu seinen Dienst verrichtet, verwünscht in Wahrheit seine Tätigkeit; er wählt nicht seinen Beruf als seine Berufung, er beklagt, was er tun muss, und bejammert sein Schicksal; entsprechend seinem Selbstverständnis und gemäß seiner Weltauslegung ist und bleibt er das Opfer der Umstände, die ihm vorschreiben, was zu tun ist, und mit all seiner Geschäftigkeit entgeht ihm sein eigenes Geheimnis: dass er inmitten der Unrast all seiner

Arbeit in Wahrheit ein Mensch ohne Willen, ein arbeitsscheuer Faulpelz, ein Ruhesüchtiger ist, der niemals seine Ruhe findet, eben weil er nichts als seine »Ruhe haben« will. Vermöchte er sich selbst mit seinem eigenen Wollen und Planen in seine Arbeit einzubringen, so fände sie alsbald ihr Maß, ihr Ziel und ihre Grenze; sie wäre Teil eines von innen her gelebten und erfüllten Daseins. So aber bleibt sie eine fremde Zumutung, eine nicht endende, schier unbegreifbare, rastlose Plage, – der Teufelskreis, auch hier, ist unentrinnbar. Es ist nicht möglich, in der Enge dieses Planeten der Pflichtbewusstheit und der Lethargie, der Überanstrengung und der Seelenfaulheit auch nur irgendeine Form von Gemeinsamkeit, von Austausch, von einem Leben zu zweit zu verwirklichen.

Wohlgemerkt: das, was der »Laternenanzünder« zu tun hat, könnte in sich eine Tätigkeit voller Romantik und Poesie sein, eine Welt voll melancholischer Träume und sanfter »Sonnenuntergänge«, aber so wie der »Laternenanzünder« seinen »Dienst« »versieht« oder Verrichtet«, duldet es keinen andern Menschen neben sich; es schließt sich ein in ermattende Monotonie, ermüdende Klage und klägliche Monologie. »Betrachtet die Vögel des Himmels. Sie säen nicht, sie ernten nicht, sie sammeln nicht in Scheunen.« »So macht doch auch ihr euch nicht Sorgen« (Mt 6, 26.31) – so möchte man all den »Laternenanzündern« sagen; aber sie würden gewiss auf der Stelle den Beweis erbringen, dass solche Lehren in ihrem Dienst nicht »durchzuführen« sind und überhaupt gegen die allgemeine Dienstdurchführungsvorschrift verstoßen. Dennoch ist die Arbeitssucht des »Laternenanzünders« deutlich unterschieden von der Sucht des »Säufers« oder von der Außengelenktheit des Eitlen[33] auf dem zweiten Planeten; objektiv ist seine Tätigkeit als »Dienst« doch immerhin ein Stück weit geistig bestimmt, und wenn er selbst auch alles tut, um sie so geistlos und freudlos wie möglich zu absolvieren, so ruht auf ihr doch an sich ein gewisser Schimmer von Engagement, Verantwortung und Tapferkeit – Bestimmungen also, die durchaus geistiger Natur sind. Indessen gelingt es Menschen, die richtig »groß« sein wollen, am Ende noch, sogar das Allerfreieste, den Geist, in ein lebensfremdes und erfahrungsloses Scheinleben, in eine bleistiftspitzende Angeberei und in ein veräußerlichtes Gemengsel hochtrabender Begriffe zu verwandeln, die auf nichts verweisen als auf den dünkelhaften Anspruch enzyklopädischer Allwissenheit und universeller Weltgewandtheit – ein angemaßtes Scheinkönigtum, phantastischer noch als der Allmachtswahn des alles befehlenden »Königs«.

Für den Typ eines solchen (Un-)-Menschen steht als letzter der »Weltverzeichner«, der *»Geograph«*. Ganz und gar trägt er die Physiognomie des Stubengelehrten, des Tintentheoretikers und des verfeierlichten Robenträgers. Denn wundersam aufgespalten hat sich ihm die Welt des Denkens und die Welt der Erfahrung, die Ebene der »Logik«, wie Exupéry gern sagt, und die Ebene der Existenz, die Wichtigkeit der Wissenschaft und die Richtigkeit des Wissens. Draußen, das wirkliche Leben, gilt ihm für hohle Zeitverschwendung, für müßiges Herumgelaufe, und das In-Erfahrung-Bringen des Lebens dünkt ihn ungleich schätzenswerter als die lebendige Erfahrung selbst. Für diese ist er sich zu schade, da sein Vermögen doch darauf gerichtet ist, die Erfahrungen anderer zu beurteilen. Selber zu sehen, selber zu prüfen, selber zu erfahren, ist einer so geschäftigen und beschäftigten Lebensweise wie der eines »Wissenschaftlers« nicht zuträglich; in vornehmer Gelehrtendistanz zieht er es vor bzw. »verlangt er sich ab«, allein die Kunst der Beurteilung zu pflegen. Der moralische Wert eines Menschen – er weiß ihn; was gültig ist und ungültig – er weist es zu; was wissenswert und wissensunwert – er weist es an. Ohne es zu merken, verurteilt ihn diese Manie der Beurteilung, diese Reduktion der Erfahrung auf die bloße Kenntnisnahme von Berichten über die Erfahrungen anderer, zu einem unersättlichen Hunger nach Wirklichkeit, die indessen das Getto seiner methodischen Diskretheit nicht zu durchdringen vermag. Sein parasitäres Ersatzleben zelebriert sich den Worten nach sogar als ein Wissen um Unvergängliches, aber seine quasi metaphysische Abstinenz gegenüber dem Vergänglichen hindert ihn, irgend etwas Lebendiges als wirklich zu entdecken. Fern ist ihm jeder Gedanke an Abenteuer und Wagnis, undenkbar die Vorstellung, dass die Wahrheit nur wächst, wo jemand sein eigenes Leben als Saatgut auszustreuen wagt.

Man mache den Unterschied sich deutlich!

Magellan[34], als er auf der Suche nach einer Durchfahrt im Süden Amerikas die riesige Öffnung des Rio de la Plata als bloße Flussmündung erkennen musste, wagte die eisige Durchfahrt bei Feuerland und setzte die Segel in ein unbekanntes Meer; er hielt den Augenblick aus, wo der Proviant an Bord so knapp wurde, dass man entweder nach Südamerika zurücksegeln oder auf Gedeih und Verderb das Steuer weiter auf die vermutete Route nach Indien halten musste; er segelte weiter, in der ausgedehntesten Meereswüste der Welt, in quälender Windstille, mit einer Hoffnung ohne Aussicht. So der Entdecker, so der Erforscher. Der »Professor« hingegen katalogisiert und kartographiert ein fremdes Wissen im Umkreis einer abgeleiteten Existenz.

Sören Kierkegaard war es, der vor allem im Bereich der »Theologie« erbost die Verwandlung von Gottesrede in Gotteslehre, von Gotteserfahrung in Gottesgelehrsamkeit als Betrug entlarvte und die Frage stellte, wie es denn angeht, ein Leben zu führen, reich, angesehen und wohlgelitten, indem man als »Heilsbotschaft« verkünde, wie Jesus arm war und verachtet und den Tod gelitten habe[35]. Und desgleichen ironisierte Friedrich Nietzsche die Historiker als Männer, größer noch als Alexander der Große; denn während dieser nur Geschichte machte, indem er die Schlacht bei Gaugamela kämpfte, fügt doch der Professor der Geschichte seinen Taten noch das Wissen um die Bedeutung seiner Taten hinzu[36]. Und so könnte man fortfahren: während die Größten unter den Dichtern, den Malern, den Musikern oft genug am Rande des Existenzminimums, am Abgrund des Wahnsinns lebten, mit zerrütteten Nerven und gepeinigt vom Unverstand ihrer Zeitgenossen, wird bald nach ihrem Tode ein Doktorand, ein Dozent hernach, seine Karriere darauf gründen und sehr einträglich davon leben, dass er zeigt, wie groß Baudelaire, Tschaikowsky und Van Gogh nun »wirklich« waren. Es gibt diesen Ungeist des Geistigen, dem es genügt, einen »Glauben« zu predigen ohne »Werke«, eine Weltanschauung ohne Welterfahrung, und das gesamte Lebensgebäude, die ganze Existenz im wörtlichen Sinne auf »Sand« zu gründen (Mt 7, 26). Aus den ursprünglichen Berichten der Entdecker und Weltumsegler erhebt sich dann der wurzellose »Basar der Ideen«[37], wo nur noch um den Marktwert der Phrasen gefeilscht wird und der Herkunftsort eines kunstvoll geknüpften »Teppichs« lediglich den Preis bestimmt, den der Ideenverkäufer zu erzielen hofft.

Auch die »Geographen« sind im Grunde »Geschäftsleute«, auch sie sind »Süchtige«, auch sie sind »Eitle«, auch sie sind »Laternenanzünder« des Modischen, auch sie sind »Könige« des Wahnsinns, und je mehr man ihnen das wirkliche Leben zu schildern versucht, mit seiner Poesie, mit seiner Andacht und mit seiner Liebe, werden sie es für belanglos und allzu gering erachten, um ihrer geneigten Aufmerksamkeit wert zu sein. Wahrlich, man möchte Gott preisen für die Wahrheiten, die er »den Großen und Weisen« verbarg, um sie, »den Kleinen« kundzutun (Mt 11, 25).

Damit ist die »Himmelsreise« des »Kleinen Prinzen«, seine tour d'horizon der Unmenschlichkeit beendet, und zurück bleibt der Eindruck einer erheiterten Traurigkeit. So skurril, so absonderlich und abgesondert, ohne Zweifel, sind sie alle, die »großen Leute«, und es ist viel wert, mit den Augen eines »Kindes« ihre gewissermaßen negative Poesie des Daseins und unverfälschte Weise in ihrer Armseligkeit freizulegen. Steht es mit den »großen Leuten« so, dann ist es besser, ein »Kind« zu sein und zu bleiben.

Wer aber erlöst die »großen Leute« von ihrem »Großsein«, und wie erlöst man sie? Das ist die eigentlich entscheidende Frage. Folgt man dem »Kleinen Prinzen«, so ist keinem von den »großen Leuten« wirklich zu helfen, und der Grund dieses Unvermögens ist identisch mit dem Grund ihrer Not. Ihre Einsamkeit, ihre Isolation, ihre Egozentrik, ihre phantastische Fähigkeit, dem Glück ihres Lebens wie Besessene auf eine Weise nachzujagen, die nur unglücklich machen kann, ihre permanente Monologie und Monomanie, ihre komplette Unfähigkeit, auf einen anderen Menschen zu hören oder gar von ihm zu lernen, all das macht es offenbar unmöglich, die »großen Leute« zu vermenschlichen. Und doch markiert gerade diese Grenze möglicher Einflussnahme auch den Gültigkeitsbereich des »Kleinen Prinzen«. Denn es genügt nicht, ein ebenso wahres wie groteskes Horrorgemälde von den Teufelskreisen und Zwängen zu malen, die sich der Physiognomie der »Erwachsenen« einprägen; es käme wesentlich darauf an, die Gründe zu verstehen, aus denen heraus die »großen Leute« sich zu den Monstrositäten ihres Daseins gezwungen sehen.

Durchzuarbeiten gälte es etwa im Leben der *»Königsmenschen«* auf ihrem einsamen Planeten die Angst vor der Ohnmacht, der Nichtigkeit und der puren Bedeutungslosigkeit, und erst eine Liebe, die stark genug wäre, ihnen den Glauben an den wahren Wert ihres Daseins zurückzugeben, vermöchte sie von ihren angemaßten Thronsitzen zu befreien.

– Erkennen müsste man in dem Gehabe des *Eitlen* die peinigende Grausamkeit seiner Selbstwertzweifel, die

Unfähigkeit, sich selber anzuerkennen, seine tödliche Angst vor Missachtung und Verachtung, und erst wenn die eigenen Augen ihm zum Spiegel würden, darinnen er den Glanz seiner Schönheit wiederzuentdecken vermöchte, gelangte sein beifallheischendes Suchen nach der Anerkennung anderer an sein Ende.

– Begreifen müsste man in der haltlosen Gier des *Säufers* nach Selbstvergessenheit und Selbstauslöschung die verzweifelte Sehnsucht, eine Tat zu vollbringen, die es erlauben würde, die überhöhten Ansprüche an sich selber abzubauen, und erst ein Vertrauen in den Wert seiner Person, die groß genug wäre, ihm selbst eine gewisse Festigkeit und Treue zu sich selber zu verleihen, vermöchte die suizidalen Kettenglieder seiner unausweichlichen Frustration zu zersprengen.

– Wahrnehmen müsste man bei dem »Geschäftsmann« die chronische Angst vor der Leere, der Armut, der Verelendung, der Schutzlosigkeit gegenüber den stets möglichen Infragestellungen seiner äußeren Existenz, und erst eine Hoffnung, die ihm die Angst vor dem Tod zu nehmen vermöchte, wäre imstande, sein Leben innerlich so reich und erfüllt heranreifen zu lassen, dass es der Gier nach materiellem Besitz nicht mehr bedürftig wäre.

– Erfühlen müsste man bei dem *»Laternenanzünder«* die Angst, von Grund auf falsch und unberechtigt zu sein, sobald er von dem Diktat fremder Weisungen auch nur ein Stück weit abweichen würde, und erst wenn man seine Angst vor der Freiheit, die Furcht vor dem Chaos, die Flucht vor sich selbst, gegen eine tiefere Bejahung und Entschlossenheit zu einem eigenen Leben und einer eigenen Verantwortung eintauschen könnte, vermöchte sogar ein pflichtengehetztes Dasein in einem frei gewählten Gleichmaß zwischen Pflicht und Neigung Ruhe zu finden.

– Erkennen müsste man nicht zuletzt in dem Portrait des *»Geographen«* die Angst vor der Wirklichkeit, vor der Tiefe der Gefühle, vor der Höhe der Begeisterung, vor der Weite der Sehnsucht, seine Phobie vor allem nicht exakt Bestimmbaren, Schwebenden, Vergänglichen, und erst wenn es gelänge, ihm zu zeigen, dass sich das Unveränderliche, Ewige in den scheinbar so unbedeutenden flüchtigen Vergänglichkeiten und Trivialitäten des Alltags widerspiegelt, vermöchte man, selbst ihn, statt der Kunde vom Leben, die Kunst des Lebens zu lehren[38].

In allen diesem Märtyrern des Ichs müsste ein Stück ihrer verlorenen Kindlichkeit, des Vertrauens in ihr verborgenes Königtum, ein Stück vom »Kleinen Prinzen« selbst wiederentdeckt und zum Leuchten gebracht werden. Selber müsste der »Kleine Prinz« unter der Decke der Verzerrungen und Verformungen den Ort herausspüren, an dem er inmitten des ihm zunächst so Verfremdeten sich selber wiederfinden könnte. Nur so gelänge es, ein heilsames Bündnis zu schließen zwischen den »großen Leuten« und dem »Kleinen Prinzen«; und nur so bliebe man nicht bei einem kopfschüttelnden Bedauern über die Laster und Zerrformen der »Erwachsenen« stehen, sondern träte ein in eine wirkliche Auseinandersetzung, in den Prozess einer fruchtbaren Läuterung der »großen Leute«.

Doch gerade davon liest man bei Exupéry kein Wort. Er,

der so sehr das Engagement, den Einsatz, das Selbstopfer zugunsten einer großen gemeinsamen Aufgabe forderte und pries, vermochte die »großen Leute« offenbar nicht als Aufgabe, sondern nur als verlorene Kreaturen zu betrachten. Als ob sie nicht selber schon genügend an sich litten, genügt es seinem »Kleinen Prinzen«, all diese Leute des Unglücks »sonderbar« zu finden und ihnen den Rücken zu kehren – Verachtung also im Grunde statt Hilfe, Resignation statt Bemühung, Scheitern statt Erlösung –, und dies nicht zufällig. Denn wenn es zutrifft, dass im »Kleinen Prinzen« eigentlich nicht die religiöse Gestalt eines wiedergeborenen, dem Leben zurückgeschenkten Daseins sich verkörpert, sondern gewissermaßen nur eine wehmütige Rückerinnerung an allzu früh Zerstörtes sich verdichtet, dann ist es unvermeidbar, dass auch die Typologie der »Erwachsenen« sich als starr und unveränderlich präsentiert, ohne eine einzige Andeutung, wie eine Vermittlung, eine Integration zwischen den Standpunkten möglich wäre.

Ist also in Anbetracht dieser Welt von »Erwachsenen« schlechthin nichts zu machen, nichts zu hoffen, nichts mehr zu erwarten? So ist es, Gott sie Dank, nun wieder auch nicht. Es gibt so etwas wie eine Lehre der Wüste, und diese Lektionen und Entbehrung sind für Exupéry am Ende doch so etwas wie eine Hoffnung kraft der Verzweiflung.

3. Die Weisheit der Wüste und die Suchwanderung der Liebe

Die Erde, die der »Kleine Prinz« auf seiner Planetenreise betritt, ist übervoll von »erwachsenen Leuten«, doch zugleich bzw. gerade deshalb ist sie eine »Wüste«, ein Ort der Einsamkeit[39], der salzverkrusteten Gebirge[40] und der sich brechenden Echos menschlicher Stimmen, die zu dem monotonen Schall der Einsamkeit entarten[41] – kein Ort zum Leben, eher ein Tal des Todes. »Wüste« – das heißt in der Sprache EXUPÉRYS zuvörderst »Menschenwüste«, kein Punkt im Raum, sondern ein Zustand der Sinnlosigkeit, der seelischen Vertrocknung, der Anhäufung von Nichts und Nichtigkeiten. Man braucht nur den berühmten Brief EXUPÉRYS »An einen General« zu lesen, um dieses Ersticken in Äußerlichkeiten, dieses Versickern der Seele, dieses »Versanden« jeder Herzensregung als das zentrale Problem all seines Schaffens, seiner Traurigkeit und seiner Qual zu begreifen. So schreibt er, wenn wir einige Passagen daraus zitieren:

»Heute bin ich tief traurig – es geht sehr tief. Ich bin traurig für meine Generation, die jeder menschlichen Substanz entleert ist. Die nur Bars, Mathematik und Rennwagen als Form des geistigen Lebens kennengelernt hat und gegenwärtig in eine ausgesprochene Herdenaktion eingespannt ist – eine Aktion, die keinerlei Farbe mehr hat. Es fällt einem nur nicht mehr auf.«[42]

»Ich hasse meine Epoche aus ganzer Seele. Der Mensch stirbt in ihr vor Durst. – Ach, Herr General, es gibt nur ein Problem, ein einziges in der Welt. Wie kann man den Menschen eine geistige Bedeutung, eine geistige Unruhe wiedergeben; etwas auf sie herniedertauen lassen, was einem Gregorianischen Gesang gleicht! Hätte ich den Glauben, stünde es fest, dass ich, sobald diese Zeit des ›notwendigen und undankbaren Job‹ vorüber ist, nur noch Solesmes ertragen könnte. Sehn Sie, man kann nicht mehr leben von Eisschränken, von Politik, von Bilanzen und Kreuzworträtseln. Man kann es nicht mehr. Man kann nicht mehr leben ohne Poesie, ohne Farbe, ohne Liebe … Zwei Milliarden Menschen hören nur noch auf den Roboter, verstehen nur noch den Roboter, werden eines Tages selber zu Robotern.«[43]

»Die Liebesbande, die den heutigen Menschen mit Wesen und Dingen verknüpfen, sind so schlaff, so wenig gewichtig, dass der Mensch ihre Abwesenheit nicht mehr so spürt wie früher … Die Eisschränke sind austauschbar. Auch das Haus, wenn es bloß eine Anhäufung von Gegenständen ist. Und die Frau. Und die Religion. Und die Partei. Man kann nicht einmal mehr untreu sein. Wem sollte man untreu werden? Wovon weit weg und wem untreu? *Wüstenei des Menschen.*«[44]

»Den heutigen Menschen hält man, je nach dem Milieu, durch Skat oder Bridge im Zaum. Wir sind erstaunlich gründlich kastriert. So sind wir nun schließlich frei. Man hat uns Arme und Beine abgeschnitten, dann ließ man uns frei herumlaufen. Doch ich hasse diese Epoche, in der der Mensch unter dem allgemeinen totalitären Druck zu sanftem, höflichem und ruhigem Vieh wird. Man stellt uns das als moralischen Fortschritt hin. Was ich am Marxismus hasse, das ist das Totalitäre, zu dem er führt. Der Mensch wird dort als Produzent und Konsument definiert: das entscheidende Problem ist die Verteilung. So ist es in den Musterfarmen. Was ich am Narzissmus hasse, das ist das Totalitäre, das er wesensmäßig anstrebt … die Wahrheit des Volkes! … was wird aus … uns … in dieser Epoche … des Robotermenschen, des Termitenmenschen, des Menschen, der hin- und herpendelt zwischen der Fleißbandarbeit nach dem Bedeau-System und Skatspielen? Des Menschen, der seiner ganzen Schöpfungskraft beraubt wurde und der nicht einmal mehr in seinem Dorf einen Tanz oder ein Lied hervorzubringen vermag. Des Menschen, den man mit Konfektionskultur, mit Standardkultur versorgt, so wie man das Rindvieh mit Heu versorgt. – So sieht er aus, der Mensch von heute.«[45]

Dabei weiß EXUPÉRY, wie sich an anderer Stelle zeigt, sehr wohl um die sozialen Hintergründe dieser Entwurzelung durch ein erstickendes Konsumglück; er sieht und beklagt die Zerstörung der Tradition, die Divergenz von Naturwissenschaft und Menschlichkeit, von Wissen und Bildung, und immer wieder und vor allem weist er beschwörend hin auf die Ersetzung all der zerstörten Werte durch den Massenausstoß von Waren, die schon in ihrer Überfülle sich ihres Eigenwertes berauben.

»Zweihundert Millionen Menschen in Europa haben keinen Sinn in ihrem Leben und wollen geboren werden. Die Industrie hat sie der bäuerlichen Sippe entzogen und sie in riesige Gettos gebannt, die aussehen wie lange Zeilen rußiger Bahnwagen auf den Geleisen eines Verschiebebahnhofs. Aus diesen Arbeiterstädten wollen sie erweckt werden. – Es gibt allzu viele, die in das Räderwerk der Berufe geschmiedet sind, denen alle Freuden des Bahnbrechers, des Gläubigen, des Wissenden versagt sind. Man meinte, es genüge, sie zu bekleiden, zu nähren und sonstige Bedürfnisse zu befriedigen, um sie groß zu machen. Man hat auf diese Weise nur den kleinen Spießer, den Kannegießer und den Maschinenmenschen großgezogen. Man bildet sie aus, statt sie zu unterrichten. Eine armselige Auffassung der Kultur greift um sich, die im Formelgedächtnis das Höchste sieht. Ein mäßiger Schüler der Maschinenbauschule weiß mehr von der Natur und ihren Gesetzen, als seinerzeit Descartes und Pascal wussten. Ist er aber des geistigen Aufschwungs dieser Großen fähig? – Wir fühlen alle mehr oder minder deutlich eine Sehnsucht nach der wirklichen Geburt.«[46]

Wieder kehrt man in diesen äußerst heftigen und ohnmächtig-sehnsuchtsvollen Klagen zurück zu der religiösen Chiffre der Lebenserneuerung, des »Kindes«, des Neuanfangs, und für Exupéry erhält dieses Verlangen gerade inmitten der »Wüste« seine reinste Gestalt. Die »Wüste« – das ist ja nicht nur der Ort von »Tohu« und »Bohu«, von Irrsal und Wirrsal, von Verkehrung und Entbehrung, das ist auch der Ort der unerbittlichen Bewährung und Bewahrheitung, der Ort der Propheten und Gottsucher[47], der Schmelzofen mystischer Verwandlung, eine Stätte der Einsamkeit und der Wahrhaftigkeit, buchstäblich der »Garten Allahs«, wie die Araber die Sahara nennen.

Wenn Exupéry von Wüste spricht, geht er zunächst natürlich von seinen eigenen realen Erfahrungen in der nordafrikanischen Wüste aus. Sehr genau weiß er um die geheimnisvolle Macht, mit der die Wüste die Menschen formt, indem sie alles Überflüssige, Aufgesetzte und Verfettete an ihnen abschmilzt, ja wie mit einem Sandstrahlgebläse förmlich abschmirgelt.

Man muss, um die formende Kraft der Wüste zu verstehen, etwa die Salzkarawanen vor sich sehen, die, aus dem Innern des Tschad kommend, Tausende von Kilometern durchqueren. Diese Menschen rechnen ihr Lebensalter nicht in Jahren, sondern nach der Anzahl der Karawanen, an denen sie teilgenommen haben – 20 Karawanenwege sind ein sehr hohes Alter; und würden sie von den Strapazen ihrer Wanderungen berichten, so hätten sie vor allem von der Willensanspannung zu erzählen, die nötig ist, um Tag für Tag gegen den Sand, gegen den Wind, gegen den Durst, gegen die Erschöpfung eine bestimmte Wegstrecke bis zu einer bestimmten lebenswichtigen Zisterne zurückzulegen; von der flirrenden Hitze am Tag und der klirrenden Kälte der Nacht müssten sie berichten, von dem Gefühl der ohnmächtigen Winzigkeit inmitten einer grenzenlosen Weite, über sich das strahlende Blau-Grau der Himmelskuppel oder das flimmernde Band der Sterne und um sich herum kein anderes Geräusch als das Pfeifen des Chamsin und den heiseren Schrei der Kamele. Die Menschen der Wüste wissen um die vollständige Ausgeliefertheit an die Mächte der Natur, als wollte die Landschaft selbst sie die Haltung der Gottergebenheit, des »Islam« lehren[48]. Aber gerade so wird ihnen inmitten von Not und Entsagung jeder Tropfen Wassers und jeder Atemzug des Lebens, eben weil er den Einsatz des ganzen Lebens kostet, über die Maßen kostbar. Die Wüste selber lehrt, den Wert der Dinge wieder zu schätzen, und eigentlich ist dies die einzige Hoffnung, die Exupéry angesichts der geistigen Wüstenei des Menschlichen zu bleiben scheint: es »wissen die Menschen in der Wüste oder in den Klöstern, da sie nichts besitzen, mit Sicherheit, woher ihre Freuden stammen, und bewahren daher leichter den eigentlichen Quell ihrer Inbrunst«.[49]

Alles käme folglich darauf an, die Menschen die »Wüstenei« ihres Lebens so intensiv wie möglich fühlen zu lassen, bis dass die Energie der Sehnsucht in ihnen wiedererwachte und die erstickende Decke des Überkonsums und der Herzensverfettung aufbräche. Dann ist der Gang zum Brunnen wichtiger als das Trinken, denn seine Entbehrungen verleihen dem Wasser seinen eigentlichen Wert, und wiederum verleiht der »Brunnen« der »Wüste« ihr Geheimnis und ihre Schönheit. Es steht für Exupéry fest, dass die Menschen nicht nur wissen wollen, wovon sie leben, sondern dass sie, weit wichtiger, um leben zu wollen, unbedingt wissen müssen, wofür sie da sind, und dieses sinngebende Ziel ihres Lebens ist niemals ein Ding, sondern der Sinn, der die Dinge verknüpft – etwas Unsichtbares, das nur mit den »Augen des Herzens« zu sehen ist, wie Exupéry in

Anknüpfung an ein Bibelwort (Eph 1, 18) erklärt. Eben deshalb ist, wie in der alttestamentlichen Prophetie, auch für Exupéry die Wüste ein Ort des Heils und der Heilung; nur dort lässt sich das Heilige erfahren; nur dort noch kann man dem »Kleinen Prinzen« begegnen.

Von daher versteht man, dass der »Kleine Prinz«, ehe er die »Wüste«, diese erlösende Gegenwelt des vordergründigen Konsumglücks und diese Stätte einer möglichen Wandlung betritt, zuerst der *Schlange des Todes* begegnet. Wie in der christlichen Symbolik der Weg zur Wahrheit einem Sterben, einem Unterweltabstieg gleichkommt[50], so muss, wer die »Wüste« aufsucht, den Tod, die Begrenztheit des Daseins, die Endlichkeit der irdischen Existenz in ihrer ängstigenden wie tröstlichen Unausweichlichkeit akzeptieren lernen.

Um die Scheinwelt der »Erwachsenen« mit ihrer Oberflächlichkeit, ihrer nervösen Hektik und rasenden Zerstörung aller Werte hinter sich zu lassen, bedarf es vor allem eines klaren Blicks auf die gütig-grausame Bestimmung des Todes, des unvermeidbaren Giftes der Schlange am Boden des Wüstensandes. Es ist, als wäre der ganze Trubel der »Erwachsenen«-Welt nur darauf abgestellt, die Angst vor dem Tod zu betäuben, aber all ihr Bemühen läuft letztlich darauf hinaus, um nichts mehr zu trauern, weil nichts mehr einen Wert besitzt. An der Oberfläche der Dinge haftet nichts Bleibendes, an ihr ist nichts, das der Trauer seiner Vergänglichkeit wert wäre; verwandelt man folglich alles in Oberfläche, bleibt nichts mehr übrig, für das der Schmerz der Traurigkeit sich lohnen könnte. In Wahrheit jedoch kann die Schlange des Todes gerade etwas anderes, Tieferes, lehren: nichts mehr ist selbstverständlich in einer Welt der Sterblichkeit; alles gewinnt seine überraschende Dichte, seine unableitbare Einzigartigkeit zurück, je deutlicher sich zeigt, wie wenig notwendig sein Dasein ist.

Alles, was ist und geschieht, verdient gerade im Angesicht des Todes die größte Aufmerksamkeit; und umgekehrt: die wahnhafte Überheblichkeit und der Eigendünkel von Macht, Besitz und Wissen schwinden dahin, wenn alle Dinge sterblich sind. Der Tod relativiert, woran wir uns in unserer Vermessenheit oft wie an eine Garantie der Sicherheit klammern möchten, und er schenkt eine ruhige Weisheit, ja sogar eine letzte Beruhigung: wenn die Last der Erde zu schwer wird, gibt es immer noch die Pforten des Todes, die geheimnisvolle Allmacht der Schlange, die jederzeit bereit ist, die Rätsel des Geistes zu lösen, die Einsamkeit des Herzens zu enden und die Schmerzen des Körpers zu heilen[51]. Wer sie sieht, schaut unvermeidlich in die Tiefe der Dinge; ihm formt das Leben sich noch einmal.

In vielen Märchen begegnen dem Helden auf der Suche nach der wahren Wirklichkeit an den Grenzzonen zwischen Außen und Innen, zwischen Oberfläche und Tiefe, zwischen Diesseits und Jenseits helfende Tiere, die mit ihm reden und ihm den rechten Weg in die Gegenwelt seines Bewusstseins zeigen. Diese Rolle übernimmt im »Kleinen Prinzen« der »Fuchs«, der in den Märchen der Völker, z. B. in dem Grimmschen Märchen »Der goldene Vogel«, nicht selten auftaucht[52].

Er besitzt religionsgeschichtlich einen langen Stammbaum, denn offenbar handelt es sich bei dem »Fuchs« um einen europäischen Nachfahren des schakalköpfigen Gottes Anubis der Ägypter, des treuen Gefährten der trauernden Isis auf ihrer Suchwanderung nach dem zerstückelten und im Delta des Nils verstreuten Teilen ihres geliebten Bruders und Gatten Osiris[53]. Das Geheimnis des Anubis besteht in der magischen Kenntnis der Wiederbelebung, und eben diese Funktion scheint auch dem Fuchs im »Kleinen Prinzen« zuzufallen; denn sein Rat ist jetzt, an der Grenze zum Jenseitsland der Wüste, buchstäblich von lebensrettender Bedeutung.

Kaum nämlich hat der »Kleine Prinz« die Erde betreten und ist in die Nähe der Menschenwelt gelangt, als er sich sogleich aufs äußerste in Frage gestellt sieht. Kein Mensch kann leben, ohne für irgend etwas dazusein, das ihm als einzigartig, schön und kostbar gilt – und dieses Einzigartige und Kostbare war für ihn bisher die »Rose« auf seinem kleinen Planeten. Sie musste ihm bislang schon allein deshalb für vollkommen unvergleichlich gelten, weil sie auf seinem

Planeten wie ein Wunder erschienen war und sich ihm noch niemals die Gelegenheit geboten hatte, diese seine Rose mit einer anderen zu vergleichen. Jetzt aber, am Ende eines ganzen Feldes von Rosen, drängt sich ihm ein solcher Vergleich mit bestürzender Notwendigkeit auf und droht sein ganzes Leben ins Wanken zu bringen.

Wenn etwas einstürzt, an das man bislang absolut geglaubt hat, wenn etwas, das bisher einmalig verehrt und geliebt wurde, sich mit einem Mal als bloßes Exemplar einer Gattung von beliebig oft zu vervielfältigenden anderen Individuen herausstellt, wenn das, woran man sein Herz gehängt hat, einem plötzlich wie entwertet und ausgehöhlt erscheinen muss, indem es bereits durch die pure Menge seines Vorkommens inflationiert wird, dann muss man sich nicht nur enttäuscht, sondern wie ganz und gar verwaist und heimatlos vorkommen – man weiß nicht mehr, woran man sein Herz festmachen soll, und gerade dieses Entsetzliche ist es, was der »Kleine Prinz« empfindet, als er die 5000 Rosen vor sich sieht. Es ist ein Augenblick, in dem alles für ihn auf dem Spiel steht: die Frage nach der Einzigartigkeit seiner Rose entscheidet für ihn über den Sinn der ganzen Welt, über seine Freude, über seine Hoffnung, seine Liebe und sein Vertrauen, seine Herkunft und seine Zukunft; alles kommt deshalb darauf an, dass der »Kleine Prinz« versteht, worin die Einzigartigkeit seiner Rose besteht: ihre Einzigartigkeit ist keine objektive Qualität, keine äußere Eigenschaft, sondern sie ergibt sich aus einer seelischen Einstellung, sie ist nur von innen her wahrnehmbar; es ist das eigene Herz, das dem anderen seinen Wert verleiht und ihn mit Bedeutung erfüllt. Gerade das aber ist die Lehre des »Fuchses«, der Inhalt seiner magischen Einführung in die Innenwelt der Liebe.

Im Grunde sagen die Lehren des »Fuchses« dem »Kleinen Prinzen« eigentlich nichts wesentlich Neues; sie machen ihm lediglich gegen die Bedrohungen der Äußerlichkeit bewusst, worin sein innerer Reichtum lag – worin die Einzigartigkeit seiner Rose bestand; was er auf seinem kleinen Planeten wie von selbst getan hat, gilt es noch einmal ausdrücklich auf einer bewussten Ebene zu erneuern und für sich selber festzuhalten. Der Rose auf seinem Planeten war der »Kleine Prinz« bisher wie einem Zufall, wie einem Glücksfund begegnet: plötzlich wuchs sie in seine Welt hinein, und ohne es zu merken, einfach indem er tagaus, tagein ihren Wünschen und Launen zu entsprechen suchte, indem er ihre Schönheit bewunderte und ihrer Empfindsamkeit Schutz bot, war zwischen ihm und der Rose ein inneres Band des Vertrauens und der Vertrautheit gewachsen, das wie absichtslos, wie naturhaft, beide miteinander verknüpfte. Ohne es zu wissen, hatte der »Kleine Prinz« damit das Geheimnis der *Freundschaft* gelernt, denn, wie der »Fuchs« erklärt, besteht die Freundschaft gerade in dem geduldigen, allmählich reifenden Prozess des Sich-vertraut-Machens, des »Zähmens«.

Es ist in der Liebe – wie bei allem, was menschlich wertvoll ist – absurd, nach den Maßstäben der »erwachsenen Leute« Zeit »sparen« und gewissermaßen die Frucht vor dem Aufblühen und Reifen ernten zu wollen. Jede Hast, jedes Drängen, jede Voreiligkeit kann der Liebe nur schaden, denn gerade die scheuesten und sensibelsten unter den Liebenden, die am meisten Sehnsüchtigen, die am meisten Schamhaftigen, die Leidenschaftlichsten unter ihnen bedürfen der langsamen Bewegungen der Nähe, die ihnen die Angst vor den »Jägern« nimmt und sie allmählich an die Gegenwart des anderen, des täglich vertrauter Werdenden, gewöhnt. Man kann sich die Zuneigung, das Vertrauen, die Zärtlichkeit, die traumerfüllte Gegenwart eines Menschen, den man herzlich liebhat, nicht erkaufen. Aber man kann nach und nach die Sprache seiner Augen, den Ausdruck seines Mundes und die Geste seiner Hände verstehen lernen – etwas unendlich Kostbares, Einmaliges und unvergleichlich Wertvolles beginnt sich darin mitzuteilen. Man kann die Seele der Geliebten in den verborgenen Zeichen ihres Gesichtes durchschimmern sehen und sie mit jedem Anblick im Schimmer der eigenen Augen heller ins Licht heben. Man kann nach und nach den Sinn ihrer Worte verstehen lernen, denn anders verknüpfen sich in ihrer Sprache dieselben Worte als in der eigenen – sie verweisen auf Felder fremder Erinnerungen –, und folgt man ihren Andeutungen, so werden sie zu Wegen, die zum Herzen der Geliebten führen; und je mehr man die Sprache des anderen selber zu sprechen lernt, desto mehr erschließen sich den eigenen Augen die Türen eines geheimnisvollen Schlosses, deren jede zu einer Kammer voller Schätze und Kleinodien führt.

So beginnt das Geheimnis der zärtlichen Vertrautheit damit, dass man immer mehr von dem anderen wissen, erfahren und erkennen möchte, und je mehr man von ihm zu verstehen beginnt, desto mehr wächst die Sehnsucht nur immer weiter ins Ungemessene, immer mehr zu erfahren, zu hören und immer tiefer das Geheimnis des anderen zu begreifen. Die anfängliche Scheu verwandelt sich in Neugier, die Fluchtdistanz der Angst in ein immer stärkeres Bedürfnis, einander innig nah zu sein. Das anfangs verstohlene Schauen aus der Ferne verlangt nun danach, in den Augen des anderen wie in einem Meer zu versinken, und immer inniger durchzieht sein Wesen in ständiger Gegenwart die Nächte und die Träume. Es ist, als träte von nun an die ganze Welt in eine symbolische Beziehung zu dem anderen, als erweitere sich seine Seele über die ganze Erde und verwandelte ein jedes Ding in einen Teil seines Leibes, um sich darin auszusprechen und sich darin gegenwärtig zu setzen, und als würde die ganze Welt zu einem Sakrament seiner Liebe, zu einem Zeichen seiner beseligenden Nähe. Denn man kann die Wolken am Himmel fortan nicht mehr sehen, ohne ihnen Grüße mitzugeben an die Geliebte; man kann die Flüsse nicht rauschen hören, ohne ihre Stimme darin zu vernehmen; und die Sterne des Nachts glänzen wie ihre Augen, das Band der Milchstraße schimmert golden wie ihr Haar, und alle Blumen des Feldes breiten sich wie ein Teppich unter ihren Füßen.

In dieser Poesie der Liebe beschreiben die Zaubermärchen der Schamanen die Erde, dass die Bäume, die Steine, die Tiere zu ihnen redeten von der fernen Geliebten am Ende der Welt, auf dem gläsernen Berge, von der Göttin des Himmels, des geheimen Zentrums der Welt[54], und alle Wanderschaften waren für sie nur wie Stadien, alle Ruheorte nur wie Stationen auf dem Weg zu ihr, und die ganze

Welt war durchzogen von der verzaubernden Magie ihrer Liebe. Je länger diese Suche nacheinander, dieses »Zähmen« des anderen, diese reifende Vertrautheit der Liebe währt, desto beziehungsreicher verschmilzt die Erinnerung des gemeinsamen Erlebens und die Poesie der Zärtlichkeit alle Dinge mit der Gestalt und dem Wesen des anderen, als bestünde die Welt aus einem unsichtbaren Kraftfeld, dessen Linien allesamt zum Herzen des anderen führen; und selbst die Dinge, die vormals so gleichgültig schienen, wie das Weizenfeld dem »Fuchs« erscheinen muss, gewinnen jetzt ihr »Kolorit« und ihre »Bedeutung« durch diese symbolische Magie der Liebe. Selbst was man bisher in sich selbst wie etwas Gefährliches, »Wildes« und »Tierhaftes« glaubte ausschließen zu müssen, wird in der Liebe freundlich, »häuslich« und »lebbar«: der »Fuchs« als tiefenpsychologisches Symbol des Unbewussten wirbt selbst um das Geschenk der Zähmung[55].

Doch nicht nur die Dinge im Raum, vor allem das Erleben der Zeit verwandelt die Liebe in einem magischen Ring, den der Rhythmus von Abschied, Erwartung und Begegnung wie ein Filigranwerk aus aufgereihten Perlen umspielt. Endlos scheinbar dehnt sich in der Liebe oft die Zeit zwischen den Augenblicken des Wiedersehens; stehenzubleiben scheint sie in den Momenten glücklicher Einheit, und stets knüpft sich an die Trennung das sichere Versprechen, nur möglichst bald zueinander zu finden. Was außerhalb der Liebe nur als öde Langeweile gelten könnte – die ständige Wiederholung, die ewige Wiederkehr des Gleichen –, formt in der Liebe sich zu Seligkeit und Pflicht.

Immer von neuem drängt die Sehnsucht die Liebenden zueinander und gliedert die Zeit in den Zyklus eines Festes mit Phasen der Vorbereitung aus Andacht und Versenkung und Phasen der Erfüllung, in denen das Warten sich belohnt. Alle Freundschaft steht unter dem Gesetz eines solchen Zeremoniells, einer rituellen Heiligung der gemeinsamen Zeit, um innerlich die Gegenwart des anderen mitvollziehen zu können.

Die Not aller bloß äußeren Bekanntschaften, aller Party-Freundschaften, aller Ehen, in denen die Liebe erstorben ist, aller gesellschaftlichen Kontakte, die nur dem Ansehen und der Karriere statt der Person des anderen gewidmet sind, ergibt sich stets daraus, dass sie an der eingeschliffenen Routine mit der Zeit zugrunde gehen. Als wenn die Zeit ein Uhrwerk wäre, dessen Räder mit der Präzision ihrer mechanischen Gesetze jede Begeisterung, jede Überraschung, jede Phantasie und Freude aneinander zermahlen würden, zerfasern alle menschlichen Beziehungen außerhalb der Liebe zu einer bloßen Ansammlung von »Treffs«, »dates«, »meetings« und »happenings«. Nur die Liebe besitzt die Kraft, die alltäglichen Begegnungen nicht alltäglich werden zu lassen, nur sie bewahrt die vertraute Gewöhnung aneinander davor, zu Gewohnheit und Gewöhnlichkeit abzustumpfen, und nur sie rettet die Regelmäßigkeit vor der Routine, die ständige Wiederholung von innerer Aushöhlung, die festen Vereinbarungen vor unmerklicher Erstarrung. Sie allein verjüngt und erschafft immer wieder neu; sie setzt frei, was noch unentfaltet ist, sie gestaltet, was noch auf seine Formung wartet, sie befreit aus der Gefangen-

schaft, was unter dem Lastgewicht von Angst und Schuld wie eingekerkert liegen mag, sie schenkt die Gabe einer unendlichen Neugier und Freude am Wesen des anderen. So ist die Liebe die einzige wirksame Gegenkraft der Langeweile, die Heiligung der Zeit in Ritual und Zeremoniell. Im Denken Exupérys spielt dieser Gedanke einer zeitlichen und geistigen Architektur des Lebens inmitten der »Menschenwüste«, angesichts des leeren Ablaufs der Zeit nach dem verrinnenden Nichts einer Sanduhr, eine überragende Rolle. So erklärt in der »Stadt in der Wüste« der Qaid: »... wie die Kathedrale aus einer bestimmten Anordnung der Steine besteht, die sich alle gleichen, jedoch auf Grund von Kraftlinien verteilt sind, deren Gefüge den Geist anspricht, so gibt es auch ein Zeremoniell meiner Steine. Und die Kathedrale ist mehr oder weniger schön. – Ebenso ist die Liturgie meines Jahres eine bestimmte Anordnung von Tagen, die sich zunächst alle gleichen, jedoch auf Grund von Kraftlinien verteilt sind, deren Gefüge den Geist anspricht ... Ebenso gibt es ein Zeremoniell für die Züge des Gesichtes ... So gibt es ein Zeremoniell meines Dorfes, denn sieh, jetzt ist Festtag, oder es läutet die Totenglocke, oder es ist die Stunde der Weinlese, oder es gilt, die Mauer gemeinsam zu bauen, oder es herrscht Hungersnot in der Gemeinde ... Und ich kenne nichts auf der Welt, was nicht zunächst Zeremoniell wäre. Denn versprich dir nichts von einer Kathedrale ohne Architektur, einem Jahr ohne Feste, einem Gesicht ohne Ebenmaß ... Du wüsstest nicht, was du mit deinen Baustoffen anstellen solltest.«[56]

»So kam ich der Erkenntnis des Glücks einen Schritt

näher und fand mich bereit, es mir als Problem zu stellen. Denn es erschien mir als Frucht der Wahl eines Zeremoniells, durch das eine glückliche Seele erschaffen wurde, und nicht als unfruchtbares Geschenk eitler Dinge.«[57]

Dem »Kleinen Prinzen« sagt der ganz entsprechend gemeinte Hinweis des »Fuchses« auf das Zeremoniell der Liebe, auf die Regelmäßigkeit ihrer Verpflichtung, auf die Struktur ihrer Ordnung an sich nichts Neues; wohl aber wird ihm jetzt bewusst, was er tat, als er allmorgendlich die »Vulkane« seines Planeten säuberte und die Wurzeln der »Affenbrotbäume« entfernte, eine ständig sich wiederholende Arbeit, die das glutflüssige Innere des Planeten, die Welt der Triebe, davor bewahrte, »explosiv« zu werden, und zugleich kein »Wachstum« duldete, dessen Übermaß das Leben zerstören müsste – die symbolische Beschreibung einer konsequenten Hygiene des Ichs im Umgang mit den eigenen Affekten wie mit den eigenen Ansprüchen an sich selbst, erste Vorübungen der Selbstzucht auf dem Wege zur Liebe, die zeigen, was der »Kleine Prinz« im Umgang mit der »Rose« bei all seinen Bemühungen, ohne es zu merken, noch weit mehr gelernt hat: dass die Dinge und die Menschen wertvoll werden durch die Zeit, die man auf sie verwendet hat.

Von der Begegnung mit allen Dingen der Welt gilt dies, und es ist die Erfahrung, die Exupéry sich am meisten als Lehre der »Wüste« erhoffte: man möge verstehen, dass die Kostbarkeit des Wassers sich ergibt aus dem Marsch zum Brunnen unter den Sternen. Nicht der Konsum – der Einsatz, das Engagement, das Opfer, das Bestehen der

»Wüste« selbst bringen nach Exupérys Meinung den Menschen hervor, und erst in der Annahme ihrer Herausforderung gewänne die Welt ihre Einheit zurück. »Dann wird sich das Wunder ereignen«, lässt er den Herrscher der »Stadt in der Wüste« sagen, »obgleich einer, den ich deiner Karawane zuteile – wenn er nicht deine Sprache versteht und nicht an deinen Ängsten, deinen Hoffnungen, deinen Freuden teilhat … –, nur die leere Wüste kennenlernen wird, so wird er die ganze Zeit gähnen, während er eine endlose Fläche durchquert, die ihm nur Langeweile einflößt; und nichts in meiner Wüste wird diesen Reisenden verändern. Der Brunnen wird ihm nur als ein Loch von mäßigem Umfang erscheinen, das man vom Sand freischaufeln muss. Und was wird er von der Langeweile erfahren haben, da sie ja ihrer Natur nach unsichtbar ist! Denn sie besteht nur aus einer Handvoll Samenkörner, die die Winde verweht haben, obwohl sie genügt, um für den, der in sie verstrickt ist, alles zu verwandeln, so wie das Salz ein Festmahl verwandelt. Und wenn ich dir nur die Spielregeln meiner Wüste zeige, gewinnt sie solche Macht über dich und nimmt dich so sehr gefangen, dass du noch so gemein, eigensüchtig, verkommen und skeptisch sein kannst, wenn ich dich in den Vororten meiner Stadt oder den Sümpfen meiner Oasen auflese; ich brauche dir dann nur eine einzige Durchquerung der Wüste aufzuerlegen, damit der Mensch in dir zum Vorschein kommt … Und wenn ich mich darauf beschränkt habe, dich an der Sprache der Wüste teilhaben zu lassen – denn das Wesentliche kommt nicht von den Dingen, sondern vom Sinn der

Dinge –, wird sie dich wie eine Sonne keimen und wachsen lassen.«[58]

Ganz so zeigt sich in der Nähe des »Kleinen Prinzen«, dass das »Wasser gut sein kann für das Herz«[59]. Am Rande des Verdurstens, wie EXUPÉRY selbst es in »Wind, Sand und Sterne« autobiographisch beschreibt[60], am äußersten Rande der Existenz, verliert sogar die Frage nach dem physischen Überleben ihren Sinn, und es kommt allein darauf an, zu klären, wie man lebt und stirbt.

Eine eigentümliche, für EXUPÉRY charakteristische Einheit von Liebe und Tod meldet sich hier: beide verlangen sie den ganzen Einsatz des Menschen, beide erfordern die gesamte Entscheidung der Existenz, beide zeigen sie den Menschen in unverhüllter Wirklichkeit, und so wie in der Liebe alle Dinge der Welt sich wandeln zum Sakrament, zur symbolischen Gegenwart der Geliebten, so werden angesichts des Todes alle Dinge zu Symbolen der existentiellen Dichte und Vertiefung. Die »Wasser der Ruhe«[61] sind schon in der Bibel das Bild für ein Leben, das die Sorgen der bloßen Existenzsicherung abgestreift hat und aus einem tieferen »Quell« zu leben gelernt hat; und ebenso sind die »Wasser des Lebens«[62] in der Sprache der Religion wie in den Erzählungen der Märchen ein häufiges Symbol, um zu zeigen, wie Menschen von der Äußerlichkeit ihrer Lebenseinstellung hinüberfinden zu einem innerlichen Neubeginn. Wiedergeburt und Reinigung, Getragenwerden und Ursprünglichkeit, Tiefe und Fruchtbarkeit verbinden sich in dem Bild vom Wasser und Brunnen. Im letzten aber bedeutet das Bild vom »Brunnen« das endgültige Abstreifen aller Hüllen, die Einwilligung in den Tod, die Heimkehr zu den Sternen, und der »Kleine Prinz« weiß dies.

4. Von Liebe und Tod oder Das Fenster zu den Sternen

Das Gespräch mit dem »Fuchs« hat dem »Kleinen Prinzen« am Ende doch eine entscheidend neue Erkenntnis vermittelt: »Ich bin für meine Rose verantwortlich.«[63] Alles, was Exupéry in der gesamten Palette religiöser Symbolsprache über die Liebe, das Leben und den Tod zu sagen hat, gipfelt in diesem einen Punkt: dass der Sinn der Dinge nicht in ihnen selbst, sondern in ihrer Verknüpfung liegt und dass diese »Verknüpfung« sich erschließt durch den Austausch wechselseitiger Beziehung und Verantwortung. Für den »Kleinen Prinzen« aber bedeutet dies, von der Welt Abschied nehmen zu müssen und zu seiner Rose zurückzukehren, die er unter so vielen Schuldgefühlen verlassen hatte, und diese Rückkehr bedeutet für ihn den Tod. Die Zeit ist da. Das Maß seines irdischen Aufenthalts hat sich erfüllt.

Was geschieht, wenn ein Mensch, den wir liebhaben, stirbt? Wir werden diesen Vorgang niemals wirklich begreifen, durch den die innigsten Bande der Freundschaft jäh und unwiderruflich durchschnitten werden können – vor den eigenen Augen sinkt ein Mensch in sich zusammen, den wir auf Händen hätten durchs Leben tragen mögen; mitten im Gespräch erstirbt sein Wort auf den Lippen, Starre und

Kälte treten an die Stelle der anmutigsten Schönheit und des seelenvollsten Ausdrucks. Medizinisch erklärbar, entzieht sich der Tod menschlich jedem Verständnis; allenfalls lassen sich einige Bedingungen formulieren, unter denen der Tod als Teil des Lebens akzeptabel scheint, und es sind dies offenbar die gleichen Voraussetzungen, unter denen das Leben selber menschlich seinen Sinn erhält[64]. Ja, recht besehen, ist der Tod wie ein Schlussstein, wie eine Zusammenfassung all der Regeln, nach denen mitten im Leben die Liebe sich entfaltet.

Man könnte, etwa nach buddhistischer Lehre, geneigt sein, der Liebe abzuschwören, um der Trauer der Vergänglichkeit zuvorzukommen. Wer nichts liebhat, den wird kein Leid ereilen angesichts des Todes[65]. Eine solche Lehre klingt weise, aber sie beraubt das Leben seines Sinns, seines Gefüges, seines Zusammenhaltes. Wohl gehört zur Liebe auch die Traurigkeit irdischen Abschieds, und doch ist sie es allein, die eine Antwort auf das Rätsel des Sterbens zu geben vermag.

Als erstes nämlich vermittelt die Liebe eine Antwort auf den Tod bereits durch die Erfahrung von dem sonderbaren Zeremoniell der Zeit, dem alles unterworfen ist und das einen eigentümlichen Gehorsam verlangt. Es geschieht genau nach Ablauf eines Jahres, dass der »Kleine Prinz« sich auf den Tod vorbereitet. Der Zyklus der Zeit ist unerbittlich; er fordert, dass die jeweiligen Ereignisse sich einstellen, wenn der Augenblick dafür reif ist, und wie der Zeitpunkt des Sonnenuntergangs feststeht, so auch der Moment des Todes. Es kommt daher nicht darauf an, dem Tod zu entfliehen, sondern den Zeitpunkt zu kennen, da der Tod wartet, und ihm trotz aller Angst gehorsam entgegenzugehen. Erst so verliert der Tod seinen kreatürlichen Schrecken. Die Schlange, deren Gift tötet, ist in gewisser Weise auch ein naturhaftes Symbol der Erneuerung und des Neuanfangs – ein Kreis, der sich schließt zwischen Anfang und Ende; und nur im Gedanken an diesen Kreislauf der Zeit fügt die Vergänglichkeit jedes Einzelnen sich in den Sinn und den Ablauf des Ganzen ein[66]. Der Zyklus der Natur kennt den Tod nicht – er wechselt nur die Träger und Akteure aus, die an den einzelnen Knotenpunkten des Zeitkreises stehen.

Der Sinn des menschlichen Lebens bestimmt sich innerhalb eines solchen Rituals der Zeit in etwa so, wie es die mittelamerikanischen MAYAS sahen, wenn sie sich jeden einzelnen Tag als eine Gottheit vorstellten, die des Morgens eine bestimmte Last auf ihre Schultern nimmt, um sie durch den Tag zu tragen und am Abend niederzulegen, ehe eine andere Gottheit sie des morgigen Tages wieder aufnimmt[67]. Der Tod des Einzelnen wird auf diese Weise zu einer Art Speiche im Rad, zu einem von vielen Punkten, die den Ablauf des Ganzen in Bewegung halten und ermöglichen.

Im Zeremoniell der Zeit empfängt der Tod mithin eine erste Ahnung von Sinn. »Was aber dem Leben Sinn verleiht«, meint EXUPÉRY in »Wind, Sand und Sterne«, »gibt auch dem Tod Sinn. Es ist leicht zu sterben, wenn es in der Ordnung der Dinge liegt. Es ist nicht so schwer für den Bauer aus der Provence, wenn er am Ende seines Waltens seinen Besitz an Ziegen und Ölbäumen seinen Söhnen übergibt, damit diese ihn einst den Kindern ihrer Kinder weiterreichen. In einer Bauernsippe stirbt man niemals ganz. Jedes Leben zerspringt wie eine Schote, die ihre Körner abgibt.« »Dem Bauernhof ist der Tod fremd. La mère est morte, vive la mère.«[68]

Der Tod verliert in dieser Betrachtung den Schrecken einer sinnlosen Zumutung, wenn er von innen her mitvollzogen wird im Dienst an einem größeren zugehörigen Ganzen. So stirbt auch der »Kleine Prinz« eigentlich nicht – er geht nur heim zu seiner »Rose«, und er fügt sich in den Augenblick des Todes ein, da die Zeit seiner Heimkehr gekommen ist.

Gleichwohl bleibt die Traurigkeit um das Verlorene zurück – allen Liebenden erscheint der Tod wie ein Zerstörer der Freude, wie ein Dieb, der das Lachen von den Lippen stiehlt, wie der Engel mit dem Flammenschwert am Ende des Paradieses, am Anfang der Verbannung. Auch wenn der Sterbende selbst sich in das Unvermeidbare fügen mag, so bedeutet der Tod für alle, die den Geliebten bis zur »Mauer« begleiten, um ihn womöglich doch noch gegen das Gift der »Schlange« zu schützen, eine äußerste Enttäuschung, eine zynische Beleidigung ihres Gefühls[69], eine rohe und sinnwidrige Gewalttat. Gerade die Liebe lehnt sich auf gegen den Tod, sie will ihn nicht hinnehmen, sie versucht, den anderen zu umarmen und vor dem Tod zu verbergen, als wollte sie mit der eigenen Seele, mit dem eigenen Körper einen Zaubermantel um den Geliebten legen, der ihn den Blicken der »Schlange« zu entziehen vermöchte. Gemessen am irdischen Schicksal, muss dieser Versuch stets vergeblich bleiben.

Und doch ist es gerade die Liebe, die mit dem Tod auch zu versöhnen weiß. Allein die Liebe weiß in jedem Augenblick, dass der Körper nur die äußere Hülle, die Schale und das Gefäß eines größeren Lebens ist. Sie, die in jedem Augenblick die Gebärden des Körpers als möglichen Ausdruck der Seele betrachtet, – die in allen Dingen und »Tatsachen« die Innenseite seelischer Bedeutung zu erahnen sucht –, die alle Gegenstände ringsum in Symbole des Geistes zu verwandeln vermag –, sie vermag auch den Tod, statt gegen ihn zu protestieren, letztlich als das Symbol einer endgültigen Vergeistigung zu betrachten. Im Sinne Exupérys ermöglicht es der Tod, die Liebe gewissermaßen von ihrem ersten Erscheinungsort zu lösen und sie als Hintergrund der Welt fortan in allen Dingen zu erfahren, indem man sie vernimmt wie einen geheimnisvollen Klang der Sphären, wie eine unhörbare Musik, die künftig in der Sprache der Sehnsucht weiterredet. Man wird den Stern des »Kleinen Prinzen« mit den irdischen Augen nicht erkennen, er ist nur ein Staubkorn im All; aber gerade deshalb wird sein Licht sich verteilen auf alles, was in den Nächten der Traurigkeit leuchtet und Antwort gibt, und gerade weil man ihn als Gegenüber der Liebe nicht mehr sehen noch hören kann, wird sein Lachen nachhallen in den feinen Saiten des Herzens, die sich ausspannen zwischen Trauer und Sehnsucht. Geändert hat sich die Farbe des Kornfeldes, seit sie an das goldene Haar des »Kleinen Prinzen« erinnert, verwandelt hat sich der Geschmack des Wassers, seit man mit ihm inmitten der Wüste sich auf den Weg machte zum Brunnen, und heller glänzen die einsamen Nächte am Fenster, seit man sie teilt mit der Erinnerung eines fernen Glücks.

Tiefer als bis zu diesem Punkt kann man die »Botschaft« Exupérys über das Geheimnis von Liebe und Tod im menschlichen Leben nicht in sich aufnehmen und mitempfinden. Und dennoch enthält gerade dieser Schlussgedanke in Exupérys »Kleinem Prinzen« die radikalste und wohl auch fragwürdige Zuspitzung seines Lebensgefühls, seiner Weltsicht und seiner Poesie der Liebe und des Todes.

Gewiss, die ganze Welt erscheint anders, je nachdem ob man den Menschen, den man am meisten liebt, glücklich weiß oder nicht; – sie kann ein Paradies sein, wenn sie die Botin seiner Freude ist, und sie erscheint als eine Hölle, wenn sie von seiner Pein berichtet, womöglich ohne dass man irgendeinen Einfluss auf sie nehmen könnte. Gewiss, es ist das ganze Glück der Liebe, den anderen über alles geliebten Menschen glücklich zu wissen; – man wird tausend Wege gehen, um diesen »Brunnen« seines Glücks zu finden, und am Ende wird die gemeinsame Suche, der gemeinsame Weg unendlich tiefer miteinander verbinden als der Moment des Genießens selbst, bzw. umgekehrt: es wird jener Augenblick der Erfüllung an unendlichem Wert gewonnen haben gerade durch die Mühe, mit der man gemeinsam die »Wüste« durchwanderte. Und doch, und doch: warum wehrte Exupéry sich so sehr, anzuerkennen, dass die Liebe nicht nur die Treue will, sondern die Einheit, nicht nur das Wandern, sondern das Verweilen, nicht nur die Sehnsucht nach dem Unerreichbaren, sondern die ewige Erfüllung? Warum musste er, der wie kein anderer Dichter des 20. Jahrhunderts den unendlichen Wert der Freundschaft pries, die Unendlichkeit des Lebens in der Freundschaft leugnen?

Normalerweise ist es ungerecht, an eine Dichtung Maßstäbe religiöser Wahrheit anlegen zu wollen. Exupéry aber verstand sein Gesamtwerk durchaus als prophetisch, er begriff seine Botschaft als eine letzte Bastei bedrohter Menschlichkeit, und so stellt sich die Frage unausweichlich, inwieweit seine Überzeugungen tragfähig sind. Zudem bedient sich gerade das Märchen vom »Kleinen Prinzen« so vieler religiös vorgeprägter Chiffren, dass es förmlich zur Notwendigkeit wird, zu prüfen, in welchem Sinne der Gehalt der religiösen Symbolsprache in dieser Erzählung eingelöst oder aufgelöst wird. Schließlich mündet die Geschichte vom »Kleinen Prinzen« in gerade die Frage ein, die auch die Religion zentral zu beantworten versucht: die Frage nach dem Sinn des Sterbens und der Möglichkeit der Liebe angesichts des Todes. An dieser Stelle, da buchstäblich alles auf dem Spiel steht, liegt es ohne Zweifel in Exupérys eigener Absicht, den Anspruch seiner Botschaft an den Bedingungen und Erfahrungen der eigenen Existenz zu prüfen.

»Der Kleine Prinz« wird von vielen nicht zuletzt deshalb gern gelesen, weil der Abschluss dieser Erzählung den Sprachbildern nach den vertrauten Glauben der Religion an die Unsterblichkeit der menschlichen Person aufzugreifen scheint. Aber dieser Schein trügt. Der Himmel der

Sterne Exupérys hat nur noch metaphorisch etwas mit dem Himmel der Gläubigen zu tun; nicht Unsterblichkeit verheißt der Weggang des »Kleinen Prinzen«, sondern lediglich die Chance, den Traum einer ursprünglichen Menschlichkeit nicht aus den Augen zu verlieren und die Werte der Freundschaft inmitten der Menschenwüste trotz allen Scheiterns, trotz aller Endlichkeit, nicht zu verraten. »Denn die Liebe ist stark wie der Tod, ihre Leidenschaft fest wie das Totenreich, ihre Gluten sind Feuersgluten, ihre Flammen wie Flammen Gottes« (Hld 8, 6). Bis zu diesem Satz des Alten Testamentes reicht auch die Wahrheit Exupérys. Was aber ist es mit der Traurigkeit der Liebe angesichts des Todes?

Diese Frage muss man an Exupéry noch einmal stellen. Denn es kann nicht genügen, die Person des Geliebten in ein bloßes Symbol für den Wert personaler Liebe zu verwandeln, und es langt nicht aus, sich über dem Tod eines Menschen, den man über alles in der Welt liebt, mit der Aussicht durch eine melancholische Poesie der Welt hinwegzutrösten. Wohl: viel ist gewonnen, wenn die Fenster sich öffnen und die Nächte aus ihrer Traumlosigkeit erwachen; viel ist erreicht, wenn es wieder Menschen gibt, die ob ihrer Sehnsucht und ihrer Erinnerung den anderen zum Gelächter werden; und viel ist bewirkt, wenn es gelingt, nach einem Wort von Ps 19, 14 den »unhörbaren Klang« der Sterne in den Nächten wieder zu vernehmen. Aber welch eine Antwort verbleibt dem Leben, solange der »Kleine Prinz« nur als eine Traumgestalt auf einen fernen Planeten zurückkehrt aus Treue zu einer Blume, die wir, anders als in der Romantik, auf Erden vergebens suchen? Wohl lehrt der »Kleine Prinz« uns auf gewisse Weise, die Kostbarkeit der Dinge wiederzuentdecken, und die Majestät des Todes, den Rhythmus der Vergänglichkeit, als Teil des Lebens anzunehmen. Aber Sehnsucht ist nicht Hoffnung, Warten nicht Erwartung, Traum nicht schon gelebte Wirklichkeit, Weg nicht Ziel, und alles kommt mithin darauf an, das Verlangen der Freundschaft, die Gewissheit der Liebe, diese äußerste Leidenschaft des Subjektiven, als objektive Wahrheit zu glauben.

Wenn es möglich ist und menschlich einzig lebenswert, wenigstens einen einzigen Menschen im Leben unendlich zu lieben, so gibt es keine größere Hoffnung und keinen wahreren Anspruch der Liebe, als dass das menschliche Leben selbst unsterblich sei; es ist der Anspruch der Liebe, dass der Mensch, dessen Wesen und Wert man als unvergleichlich und einmalig entdeckt und in dem das ganze Glück der Welt wie in einem Brennpunkt sich sammelt, auf immer lebe und sein Tod nur ein vorübergehender Abschied sei[70]. Die Liebe, wenn sie groß genug ist, hat die Macht eines metaphysischen Beweises, und immer klingt ihre Sprache so wie das unvergessliche Gedicht von »Annabel Lee«, in dem Edgar Allan Poe den Tod seiner über alles geliebten Nichte und Braut Virginia besang, an deren Sterbelager er wochenlang die Tage und Nächte verbrachte und nach deren Heimgang er endgültig dem seelischen und körperlichen Ruin verfiel[71]. Dieses Gedicht sei hier in den letzten zwei Strophen zitiert, weil es der Traurigkeit und der Hoffnung der Liebe angesichts des Todes wie kein anderes Gedicht in der Weltliteratur Ausdruck verleiht[72]:

»Unsere Liebe aber war stärker noch
als die Liebe der Älteren, die
viel weiser immer denn ich und sie, –
und nimmer solln Engel im Himmel hoch
noch Dämonen darunter hie
abtrennen können mein Seel' von der Seel'
meiner lieblichen Annabel Lee.
Denn der Mond mir nicht blinkt,
ohn' dass Träume er bringt
Von der lieblichen Annabel Lee;
In den Sternen gewahr ich die Augen klar
Meiner lieblichen Annabel Lee.
Und so lieg alle Nachtzeit ich wachend zur Seit'
Meiner Lieb', der ich lebte, die einst ich gefreit,
in dem Grabe, nicht weit von hie –
in der Gruft, nicht weit von hie.

In der Tat so »unweise«, so »jung«, so »romantisch« und absolut ist das Verlangen der Liebe, dass sie unbedingt an das ewige Leben glauben muss, um den Glauben an sich selbst nicht zu verlieren; sie hört nicht auf, die Geliebte mit den zärtlichsten Worten zu streicheln, und wenn sie beim Schein des Mondes und beim Licht der Sterne sich an den Glanz ihres Haares und den Schimmer ihrer Augen erinnert fühlt, so verlangt sie danach, den anderen jenseits der Sternenwelt als *lebend* zu glauben und wiederzusehen; ist doch die Geliebte selbst in den Augen des Liebenden wie ein Meer, das hinüberträgt zum anderen Ufer, und ihm selbst gilt ihr Sterben nur als Abschied und Fortgang, um an der anderen Seite der Unendlichkeit dem Zurückgebliebenen schon eine Wohnung zu bereiten und am anderen Ufer auf ihn zu warten[73].

So nannte das Volk der Ägypter, das ewigkeitskundigste von allen, wenn es vom Tode sprach, das Sterben ein »Landen« am Ufer der Ewigkeit[74], und ihr schakalsköpfiger Gott Anubis verkörperte an der Seite der trauernden Isis nicht nur die »Treue« der Liebe, sondern er wusste auch um die Unsterblichkeit des Geliebten. Wenn ein Mensch stirbt, so dachten die Ägypter, versinkt sein Leib in das Reich des Gottes Osiris, aber seine Seele erhebt sich vogelgleich zum Himmel in das Reich der Sonne, zum Heer der Sterne; das Seelenbild selbst, den Ba-Vogel, malten die Ägypter als ein geflügeltes Wesen mit menschlichem Antlitz, und daneben zeichneten sie gern wie zur Erklärung die Hieroglyphen des Weihrauchs mit der Wortbedeutung: »was zu Gott macht«[75], als sei der Aufstieg der Seele zum Himmel wie ein Gebet und wie ein Lobgesang, gleich dem Wohlduft der Weihrauchkörner, die ihr Wesen enthüllen, wenn sie im Opferfeuer verbrennen.

Es ist vor allem die entscheidende Hoffnung der Liebe, dass wir einander wiedersehen, von der her der Glaube an die Unsterblichkeit sich bestimmt. So wie auf Erden bereits alle Dinge der Welt sich wandeln zu einem Symbol für die Schönheit und Nähe eines Menschen, den wir herzlich lieben, so verdichtet es sich der Liebe zur Gewissheit, dass umgekehrt die Seele des anderen alle Dinge zu bedeuten und in sich zu schließen vermag, indem sie selber schon auf Erden wie ein Fenster ins Unendliche gewesen ist. Ein Mensch, den man von ganzem Herzen liebhat, zieht sich im Tode nicht, wie EXUPÉRY es im »Kleinen Prinzen« den Worten nach schildert, in eine unzugängliche und unwirkliche Sphäre jenseits der menschlichen Erfahrung zurück wie ein Licht, das in allen Dingen aufscheint, ohne selbst mehr eine einheitliche Lichtquelle zu bilden, sondern es bleibt die Hoffnung und Erwartung der Liebe, dass wir nach kurzer Zeit der Trennung jenseits der Zeit wieder zueinander finden. Auf einem ÄGYPTISCHEN Amulett aus dem Grabe Tut-anch-Amuns (des »lebenden Bildes des Gottes Amun«), heißt es in diesem Sinne unübertrefflich schön als Wunsch der Gattin Anches-en-Amun (»Sie lebt für Amun«): »Ich habe dich geliebt, großer Tut-anch-Amun, und meine Trauer, dass du gehst, ist groß. Aber vergiss, dass die Zeit Zeit ist; denn nach der Zeit sehen wir uns wieder.« – Ohne diese absolute Hoffnung auf Ewigkeit und Unsterblichkeit erstürbe in der Tat die Liebe vor der Zeit. Zu Recht konnte J. v. EICHENDORFF deshalb den Tod weniger schlimm finden, als dass Menschen, die sich lieben, auf Erden willkürlich auseinandergerissen werden, wenn er meinte[76]:

»Trennung ist wohl Tod zu nennen,
Denn wer weiß, wohin wir gehen, –
Tod ist nur ein kurzes Trennen
Auf ein baldig Weidersehn.«

Selbst der Tod kann die Liebenden nicht voneinander scheiden; hingegen die Zerstörung der Liebe wäre schlimmer als der Tod. Alles hängt mithin davon ab, die Liebe und die Freundschaft selbst mit ihren Hoffnungen und Wünschen für einen Beweis der Wahrheit zu nehmen: das Leben des Geliebten ist unsterblich, und: wir werden uns wiedersehen.

Von einer solchen Einstellung ist das Ende des »Kleinen Prinzen« hingegen weit entfernt. Nur dem äußeren Eindruck nach scheint es der Haltung zu ähneln, die etwa Novalis seiner allzu früh verstorbenen Sophie entgegenbrachte, in der er die ihm fühlbare, sichtbare Inkarnation der Weltvernunft verehrte; in Wahrheit lässt sich gerade an dieser Stelle, da der »Kleine Prinz« zu seiner Rose zurückkehrt, der prinzipielle Unterschied zwischen religiöser Symbolik und dichterischer Metaphorik deutlich machen. Exupéry, wenn er des Nachts zu den Sternen aufschaute, dachte nicht wirklich an ein ewiges, unzerstörbares Leben der Liebe; für ihn war der Weggang des »Kleinen Prinzen« so viel wie die Erhebung seiner Gestalt zu einem transzendenten Ideal, dem man auf Erden nur flüchtig begegnet und dessen Wiederkehr auf Erden man zwar herzlich ersehnen, aber kaum erhoffen kann. Novalis hingegen, wenn er sich Tag für Tag zum Grab seiner Geliebten begab, betrachtete die Liebe, die er auf Erden erfahren hatte, wie eine Vorbotin der Ewigkeit, als Beginn des Himmelreichs[77]. Er selbst galt in den Augen seiner Zeitgenossen als ein wunderbares, reines Kind, als die Verkörperung des »Kleinen Prinzen« gewissermaßen; für ihn war dementsprechend die Auferstehung von den Toten eine absolut gewisse Tatsache der Liebe. Bei EXUPÉRY hingegen verkörpert der »Kleine Prinz« nur den Traum eines Lebens, wie es eigentlich gelebt werden sollte, aber längst vor der Zeit zerstört wurde; alle Symbole der Religion, insbesondere die Symbole der Unsterblichkeit und des ewigen Lebens der Liebe, verwandeln sich damit in wehmütige Erinnerungen an eine verlorene Hoffnung bzw. in humane Postulate, die die Kraft nicht mehr besitzen, die geforderte Wirklichkeit von innen her als wirklich zu setzen.

Fragen und Analysen

Man mag einen Augenblick lang denken, eine solche metaphorische Auflösung der religiösen Symbolsprache in bloße dichterische Chiffren bei EXUPÉRY sei eine unvermeidbare Konsequenz der fortschreitenden Auszehrung der Religion in unserer Zeit. Tatsächlich hat EXUPÉRY zutiefst unter dem Zerfall der vergangenen Sinngestalten gelitten, und seine Dichtung beabsichtigte im Grunde, die alte Symbolsprache poetisch neu zu vermitteln – eine Widerlegung des religiösen Grabgesanges von FRIEDRICH NIETZSCHES »Also sprach Zarathustra«[78]. Wenn es EXUPÉRY dennoch nicht möglich schien, die alten Sinnbilder in ihrer Wirklichkeit aufzugreifen, so muss diese eigentümliche Ambivalenz gegenüber den althergebrachten Symbolen des Religiösen besondere Gründe im Erleben und in der Persönlichkeit EXUPÉRYS besitzen, die nicht nur zeitgeschichtlicher Natur sein können, sondern die wesentlich psychologisch bedingt sein müssen.

In der Tat ist der »Kleine Prinz« nicht nur religiös, sondern vor allem tiefenpsychologisch mehr nur ein sehnsuchtsvoller Hinweis auf eine verlorene Wahrheit denn eine Darstellung oder gar eine neue Vergegenwärtigung dieser Wahrheit. In psychoanalytischer Betrachtung benennt die Symbolsprache EXUPÉRYS sogar selbst die Ursachen ihrer Zerspaltenheit: es sind, wie wir gleich sehen werden, dieselben Gründe, die verhindern, dass der »Kleine Prinz« so endet, wie ein »richtiges« Märchen unbedingt enden müsste. Eine Märchenerzählung, die psychologisch einen »befriedigenden« Abschluss aufwiese, könnte unmöglich, wie EXUPÉRYS Dichtung, dabei stehen bleiben, dass der

»abgestürzte Flieger«, das Ich des Erzählers, mit dem »kleinen Prinzen« zum »Brunnen« geht, nur um alsbald durch den Tod des »Prinzen« von ihm getrennt zu werden. Im Duktus eines Märchens müsste unter allen Umständen davon erzählt werden, dass am »Brunnen des Lebens« eine geheimnisvolle Frau wohnt, die ihrer Erlösung harrt[79]; geschildert werden müsste, wie gefahrvoll es ist, zu der verzauberten Geliebten in die Tiefe hinabzutauchen; geheimnisvolle Türen sind zu öffnen, und es gilt, die Drohung gefahrvoller Wächterraubtiere am Eingang eines verborgenen Palastes zu bestehen; und hernach steht zumeist eine abenteuerliche Rückreise bevor, ehe schließlich als Belohnung aller Strapazen dem Prinzen die Hochzeit mit der feengleichen Zauberprinzessin winkt[80]. Natürlich lässt sich diese archetypische Themenabfolge in immer wieder verschiedener Weise auswählen, variieren und modulieren; aber um das Märchen vom »Kleinen Prinzen« psychologisch an ein befriedigendes Ende zu führen, müsste in jedem Falle gezeigt werden, wie es möglich ist, Liebe und Treue *hier auf Erden*, in der Wirklichkeit zu finden und zu leben. Für den »abgestürzten Flieger« gäbe es nur dann eine wirkliche Verwandlung, wenn die Begegnung mit seiner eigenen Hintergrundgestalt, mit dem »Kleinen Prinzen«, ihn auf die Begegnung mit einer zauberischen und zauberhaften Frau vorbereiten würde, die er über alles zu lieben vermag. So etwa erzählte ANTHONY QUINN in seiner Autobiographie »Der Kampf mit dem Engel« davon, wie in einer tiefen Lebenskrise, als er seine Karriere als Schauspieler innerlich als eine ungeheuerliche Lüge zu begreifen begann, ihm ein Junge begegnete, der ihn erst wieder verließ, als in ihm die Fähigkeit zur Liebe erwachte[81].

Ganz anders hingegen schildert es EXUPÉRY charakteristischerweise im »Kleinen Prinzen«. Wohl dass auch hier von einer ernsten Krise die Rede ist: der himmelstürmende »Ikarus« ist abgestürzt, und auch ihm begegnet sein zweites Ich in Gestalt eines Jungen; aber geschildert wird nicht, wie der »Flieger«, das eigene Ich, seine Pläne und Ziele in der Begegnung mit dem »Kleinen Prinzen« verändert, im Gegenteil: unablässig arbeitet er an der Reparatur seiner Maschine, und gerade in dem Moment, da ihm die Reparatur gelingt, stirbt ihm der »Kleine Prinz«. Die Belehrungen des »Fuchses«, die der »Kleine Prinz« empfangen hat, sind zwar gehört und aufgezeichnet worden, aber das einzige, was sie in der Geschichte sichtbar bewirken, ist ein Gefühl von Traurigkeit und Sehnsucht sowie eine vage Chance, der »Kleine Prinz« könne eines Tages doch noch auf die Erde zurückkehren.

Dieser Abschluss der Erzählung EXUPÉRYS ist so sonderbar, dass man sich unwillkürlich fragen muss, was den »Kleinen Prinzen« eigentlich hindert, seine Botschaft von Liebe und Treue auf Erden zu verwirklichen. Nach EXUPÉRY ist es gerade die Treue zu seiner Rose, die den »Kleinen Prinzen« von der Erde zu seinem kleinen und einsamen Planeten zurückruft. Wer aber ist diese »Rose«, die verlassen zu haben dem »Kleinen Prinzen« solche Schuldgefühle bereitet und um deren Leben er bangen muss, wenn das »Schaf« keinen »Maulkorb« besitzt? In dem Geheimnis dieser »Rose« muss der Grund enthalten sein für die sonderbare Melancholie, ja Todessehnsucht, die sich vor allem gegen Ende über die Erzählung vom »Kleinen Prinzen« breitet.

1. Das Geheimnis der Rose

Im Grunde kennt das Märchen vom »Kleinen Prinzen« nur ein einziges zentrales Geheimnis – alles andere sind Überlagerungen, Folgerungen oder Reaktionen darauf –, und dieses Mysterium im Kern von allem blüht in dem Bild der geheimnisvollen »Rose«. Sie ist es, die sowohl die Hoffnungen wie auch die Traurigkeit der »Sonnenuntergänge«, sowohl das Wissen um Liebe als auch die Unerfülltheit bloßer Sehnsucht nach Liebe bewirkt, sie ist es, die im Hintergrund all der merkwürdigen Höhen und Tiefen, Brüche und Widersprüche im Denken und Dichten EXUPÉRYS auf fast unheimliche Weise eine magische Gestalt gewinnt. Dieses Geheimnis der Rose entdeckt man freilich nur mit den Augen der Psychoanalyse, dann aber unzweideutig und klar: als das Geheimnis der Mutter.

In gewissem Sinne kann man die Geschichte vom »Kleinen Prinzen« lesen wie eine verschlüsselte Kindheitserinnerung, wie eine Art privaten Regenerationstraums. EXUPÉRY schrieb dieses Märchen, das seinen Weltruhm vollendete, in einer Zeit persönlicher Leere und Enttäuschung, inmitten innerer Wüstenei, in einem Augenblick, da sein Streben nach den Sternen, seine Lebensbetrachtung aus der Höhe, seine Weltperspektive im Überflug endgültig an eine Grenze gestoßen war: der »Flieger« war »abgestürzt«. Inmitten einer solchen Lebenskrise wenden sich die Gedanken zurück in die eigene Vergangenheit, um an den Stellen anzuknüpfen, an denen die Fäden sich verwirrten, und um das eigentliche Bild von sich selbst zu klären, das womöglich damals bereits bis zur Unkenntlichkeit entstellt wurde. So begegnet dem gescheiterten »Flieger« das »Kind«, das in ihm selber nie hat leben dürfen, und mit ihm tauchen in symbolischer Form Erinnerungen und Bilder auf, die zeigen, wie der »Kleine Prinz« gelebt hat, ehe er den »Erwachsenen« begegnete und selbst erwachsen werden musste. Jede dieser Mitteilungen verdient die größte Beachtung, denn nur so versteht man viele Details des »Kleinen Prinzen«, die ein Licht auf die frühe Kindheit Exupérys werfen und sonst ganz unverständlich blieben.

Es lebte in Exupéry, gesteht er eingangs selbst, ein Kind, das seine Phantasien und Visionen malen wollte und dem man das Malen, das Zeichnen der inneren Welt, durch »Geographie«, durch die Darstellung der äußeren Welt ersetzt hat[82]. Ein ermordeter Leonardo also. Schon dieses Schicksal ist schlimm. *Was* aber hat dieses Kind zeichnen wollen? Diese Frage ist noch wichtiger als das Malverbot selbst, denn sie führt in Schichten weit unterhalb des recht allgemeinen Gegensatzes von Verstand und Gefühl, Bewusstsein und Unbewusstem, bürgerlicher Anpassung und künstlerischer Freiheit.

Sonderbarerweise empfinden die meisten Leser des »Kleinen Prinzen« das Bild von dem Elefanten in der Schlange nur als lustig und erheiternd, und gewiss liegt dieser Eindruck ganz in der Absicht des Verfassers; tatsächlich aber verrät dieses Bild, wenn man es *symbolisch* liest, mehr über die Kindheit Exupérys als in allen Biographien enthalten ist, die sich nur allzu rasch dem großen Dichter, Kulturkritiker, Kameraden und Piloten Exupéry zuwenden, als wenn es das Kind Exupéry gar nie gegeben hätte. In der Tat enthält das Werk Exupérys förmlich die Verführung, nur das Große und Vollendete darin zu sehen und den »Kleinen Prinzen«, diese Hintergrundgestalt verdrängter Möglichkeiten und erstickten Lebens, vorschnell zu vergessen; mindestens aber bei der Lektüre des »Kleinen Prinzen« selbst sollte man dieser Versuchung nicht nachgeben. Denn das Erscheinen dieser aus Sehnsucht und Erinnerung verklärten Gestalt einer reinen Kindlichkeit ist überhaupt nur sinnvoll und notwendig, um den unhaltbar gewordenen einseitigen Erwachsenenstandpunkt des abgestürzten »Fliegers« aufzubrechen und zu korrigieren. Wenn irgend es nötig ist, einmal nach dem Kind und nicht nach dem Erwachsenen Exupéry zu fragen, dann hier, in den Einleitungsbildern des »Kleinen Prinzen«.

In der psychoanalytischen Anamnese besteht ein großes Interesse an den sogenannten Deckerinnerungen[83] – symbolisch verschlüsselten Mitteilungen, die oft mehrere Jahre frühkindlicher Biographie in ihrer psychischen Bedeutung zu einer einzigen Szene verdichten. Gerade so scheint es mit der Kindheitsvision Exupérys bestellt zu sein. Die Rede ist von ungeheuerlichen Schlangen, die, im schwülen Klima tropischer Urwälder, ihre Beute lebend verschlingen. Es ist aus einem einzelnen Symbol heraus niemals schon eine gesicherte Einsicht über irgendeinen psychischen Tatbestand zu gewinnen, aber begegnete man diesem Bild auf der ersten Seite des »Kleinen Prinzen« in einem Kindertraum, so legte sich der Gedanke fast zwingend nahe, diese übergroße Schlangengestalt könnte eigentlich nur die Mutter sein[84]; ihre Beute, die sie lebend in ihren Rachen zieht, wäre dann natürlich ihr Kind – ein übergroßes »Elefantenbaby«, das nie ein Kind sein durfte, sondern, kaum auf der Welt, »groß und stark« sein musste, um den Hunger seiner Mutter nach Liebe und Lebens»inhalt« mit seinem Dasein auszufüllen. Fatalerweise ist dies jedoch nicht die »Ansicht« der »Erwachsenen«. Sooft Exupéry auch seine ungeheuere Boa malt, wie sie den Elefanten verschlingt – die Erwachsenen vermögen in dem Bild nur einen »Hut« zu erkennen, und gewiss, so muss die Kindheit Exupérys bei vordergründiger Betrachtung auch erschienen sein: als eine durch und durch »behütete« Welt, von allen Seiten umgeben und eingehüllt, und doch aus der verborgenen, inneren Sicht des Kindes ein lebenslängliches Gefängnis, ein nicht endender Embryonalzustand, eine revidierte Geburt.

Es geschieht beim Malen der Riesenboa zum ersten Mal, dass das »Kind« das Vertrauen in die Welt der »Erwachsenen« verliert: es gelingt nicht, sich ihnen verständlich zu machen, sie lächeln und lachen über eine Kindheitstragödie, weil sie außerstande sind, »mit dem Herzen zu sehen«; sie ahnen nicht, dass das, was für sie wie »wohlbehütet« aussieht, im Grunde fürchterlich ist, und selbst wenn sie, wie in einer Röntgenaufnahme, den »Verdauungsvorgang« der (Mutter-)Schlange im Bild vorgelegt bekommen, erklären sie all diese Visionen aus dem »Urwald« für kindliche Hirngespinste und fiebrige Phantastereien, denen man, wie zur seelischen Hygiene, die Beschäftigung mit der »wirklichen« Welt entgegenhalten muss.

Sehr früh werden auf diese Weise die kindlichen Ängste mit einer Decke rein rationaler Anpassungsleistungen überlagert, und schon hier beginnen die Doppelbödigkeiten und Widersprüchlichkeiten zwischen einem extremen Leistungswillen und einer starken regressiven Sehnsucht, die das ganze spätere Werk EXUPÉRYS durchziehen werden.

Was kann ein Kind tun, das leidet, aber nicht zeigen darf, dass es leidet, das sich mitteilen möchte, aber im Namen höherer Vernunft beharrlich missverstanden wird, das sich von unsichtbaren Mauern wie erstickt fühlt, aber immer wieder gesagt bekommt, dass es sich das alles nur einbildet und statt dessen sich besser mit etwas »Vernünftigem« beschäftigen möge? Man hat das Kind EXUPÉRY offenbar nicht soweit entmutigen können, dass es sein ursprüngliches Gefühl, im Recht zu sein, völlig aufgegeben hätte; aber die Zerstörungsarbeit war doch gründlich genug, um erhebliche Verdrängungen und Verformungen zustande zu bringen. So scheint EXUPÉRY tatsächlich subjektiv nicht zu bemerken, was er inhaltlich mit dem Symbol seiner »Elefantenschlange« mitteilt; im Gegenteil; das eigentliche Dilemma, das sich darin ausspricht, wird von ihm selbst rein spielerisch ästhetisiert: an die Stelle der wirklichen Gefühle tritt der quasi künstlerische Ausdruck, aus einem höchst verwickelten Beziehungsproblem zwischen Kind und Mutter wird in generalisierter, abstrakter Weise eine Frage nach dem Verhältnis *der* Kinder zu den Erwachsenen, und völlig kommentarlos wird dabei vorausgesetzt (und folglich akzeptiert!), dass ein Kind, statt seine Gefühle unmittelbar äußern zu dürfen, sie allenfalls in symbolsicher Verschlüsselung mitzuteilen vermag. Dieser »künstlerische«, indirekte Weg der Selbstmitteilung gilt Exupéry sogar noch im Rückblick auf seine Kindheit für so selbstverständlich, dass er mit einem guten Schuss Selbstironie von der »großartigen Laufbahn« eines Malers fabulieren kann, nur um die breite Resignation zu verstecken, die ihn als Kind bereits erfasst haben muss: es ist unmöglich, den »Erwachsenen« gegenüber sich anders als in »vernünftiger« Weise zu artikulieren; ja, es kommt bereits einer Rache an den »großen Leuten« gleich, wenn man sich zu einer Ausdrucksform durchringt, die künstlerisch legitimiert und symbolisch hinreichend verschlüsselt ist, um allgemein verständlich und interessant genug zu sein.

Es ist deutlich, was Exupéry sich auf diesem Lebensweg erspart: er braucht zu den wirklichen Themen und Traumata seiner Kindheit nicht mehr zurückzukehren; er vermeidet vor allem den entscheidenden Konflikt mit der »Schlange«, er muss nicht, wie in manchen Märchen, sich dem Kampf mit dem »Drachen« stellen[85]; aber er erkauft sich diese »Vorteile« mit starken Schuldgefühlen und aggressiven Gehemmtheiten, mit erheblichen Verdrängungen und Resignationen, mit Einsamkeit und Angst, und schließlich mit der Neigung, sich selbst für die eigene Schwäche und die anderen für ihre eingebildete Größe gründlich zu verachten. Selbstironie, Verachtung und ein

Ausweichen in Träume – so werden seelische Konflikte nicht gelöst, so werden sie verewigt. Doch gerade unter diesem Druck aus Leiden, Sensibilität und Phantasie entsteht, unter besonderen Voraussetzungen, die Menschensorte, der wir auf diesem Planeten das kulturell Wertvollste verdanken: die Spezies der Künstler und der Priester, der Träumer und der Geisterseher, der Dichter und der Jenseitssucher, der Menschen, in denen die Erinnerung an den »Kleinen Prinzen« nicht ersterben kann. Seine Gestalt ist die geheime Quelle des dichterischen Schaffens; sie ist aber auch, bei Exupéry, das Symbol einer höchst ambivalenten Mutterbindung.

Man muss die Erinnerungen des »Kleinen Prinzen« an den Planeten der Rose nur der Reihe nach durchgehen, um, wie zur Ergänzung des Symbols der Riesenboa, eine Fülle weiterer verschlüsselter Informationen über das Verhältnis Exupérys zu seiner Mutter zu erhalten. Gewiss ist es nicht möglich, die Gestalt des »Kleinen Prinzen« einfachhin mit der Kindheit Exupérys zu identifizieren; aber es wird sich kaum bestreiten lassen, dass in all dem, was der »Kleine Prinz« über seinen »Planeten« erzählt, sich psychologisch die wesentlichen Eindrücke der Kindheit Exupérys und darunter besonders die Erinnerungen an seine Mutter verdichten. Es ist eine Zeit, längst bevor der »Kleine Prinz« das Panoptikum der Erwachsenenwelt wirklich kennengelernt und auf der Erde, in der Welt der äußeren Realität, Fuß gefasst hat, und diese ganze Zeit ist geprägt von der stillen Melancholie der Sonnenuntergänge, von der geordneten Einsamkeit der gereinigten Vulkane und von der relativ spät, aber um so intensiver geforderten Aufmerksamkeit für die »Rose«. Diese »Rose« beschreibt der »Kleine Prinz« so fragmentarisch auch immer, geradezu als ein Faktotum an Liebenswürdigkeit, Affektiertheit und ansprüchlicher Egozentrik.

Die ersten Mitteilungen des »Kleinen Prinzen« beziehen sich auf die Hilflosigkeit und Ungeschütztheit der »Rose«, und auch diese wenigen Auskünfte ergeben sich bereits aus dem Versuch, nichts Nachteiliges über die »Rose« sagen zu müssen. Denn man verharmloste anscheinend diese »kindlichen« Überlegungen sehr, wenn man in ihnen lediglich Betrachtungen über die Trivialweisheit: »Keine Rose ohne Dornen« vermuten wollte. Ginge es wirklich um »Schafe«, »Rosen« und »Dornen« als Gegenstände oder Metaphern der Natur, so wüsste man an dieser Stelle im Grunde nichts Rechtes damit anzufangen, außer dass es offenbar auch hier sich um ein weiteres Beispiel für die »drollige« Phantasie eines »unschuldigen« Kindes handelte. In Wahrheit jedoch geht es unzweifelhaft darum, den Konflikt und die Ambivalenz einer menschlich zentralen Beziehung zu beschreiben, und die vordergründige »Harmlosigkeit« dieser Schilderung verschwindet sofort, wenn man bedenkt, dass hier ein Kind, wenn auch noch so verschlüsselt, von dem Menschen spricht, den es als einzigen über alles liebt; dieser Mensch kann nur seine Mutter sein – alle anderen Hypothesen würden außerhalb der Situation spielen, in welcher der »Kleine Prinz« wirklich lebt: in der Zeit seiner Kindheit. Bezogen auf die eigene Mutter aber ist die Frage des »Kleinen Prinzen« ein äußerstes Alarmsignal, und man begreift sofort, warum ihm das Problem so unendlich viel bedeutet: *warum hat die »Rose« Dornen*, warum, mit anderen Worten, kann die im ganzen so liebenswürdige und liebreiche Mutter so »stechend«, so »verletzend«, so voller »Widerhaken« sein? Sie, die sonst so bewundernswert »schön« ist, dass man sie einfach streicheln und liebkosen möchte, kann doch, ohne dass man es vermutet, auf überraschend »hinterhältige« Weise »wehtun«. Warum?

Wohlgemerkt muss diese Frage sich das Kind selber stellen und beantworten – das Verhalten der Mutter ist offenbar so widersprüchlich, verwirrend und zweideutig, dass daraus nicht ohne weiteres klug zu werden ist. Für die Überlegungen des »Kleinen Prinzen« gilt dabei als unantastbare Voraussetzung, dass die Mutter an sich wirklich eine »Rose« ist – ein Inbegriff von Schönheit, Anmut und Liebreiz; über diese ihre »wahre« Natur kann es keinen Zweifel geben. Wenn die Mutter trotzdem so ganz anders sein kann, muss dies besondere Gründe haben, und es ist die Aufgabe des Kindes, diese Gründe zu finden.

Die nächstliegende Antwort auf das zentrale Problem des »Kleinen Prinzen« wäre zweifellos die Auskunft, die der »Flieger« gibt: aus Bosheit ließen die Rosen ihre Dornen wachsen[86]. Es trüge, stünde es so, die Mutter Schuld an ihren verletzenden Ausfällen, und das Kind hätte seinerseits das Recht, ja in gewissem Sinne die Pflicht, sich zu verteidigen und selbst auf die Mutter herzhaft »böse« zu sein. Aber gerade gegen diese Möglichkeit einer Erklärung empört sich der »Kleine Prinz« über die Maßen, und es ist, als wenn er dabei einfach den Zorn ausspräche, mit dem vormals seine eigenen Invektiven von der Mutter bedacht wurden: »Du verwechselst alles, du bringst alles durcheinander!«[87]

In der Tat, die ganze Symbiose von Mutter und Sohn wäre auf das äußerste gefährdet, wenn der »Kleine Prinz« es wagen würde, an der Güte und Unbescholtenheit seiner Mutter bestimmte Zweifel anzumelden. Also muss er nach Erklärungen suchen, die das Bild der Mutter von jedem Verdacht reinwaschen; täte er so nicht, er zählte selber augenblicklich zu den bösen »großen Leuten«, die so abscheulich unsensibel, so oberflächlich und so eitel sind; er hörte auf, der »liebe, kleine Prinz« seiner Mutter zu sein, das Gold- und Königskind, wie Exupéry selber es gemalt hat: mit dem Riesendorn des »Degens«, den er artig senkt, und dem riesigen blauen Mantel mit dem roten Innenfutter, in den seine Mutter ihn wie eine Himmelskönigin von einem anderen Planeten wie in ihrem Schoße birgt – das positive Gegenbild der »Riesenboa«[88] –, ein Bild, das so »süß« wirken soll wie nur irgend möglich und an dem festzuhalten dennoch einen schweren Preis voraussetzt: der »Kleine Prinz« muss ständig seine Mutter gegen seine eigenen Beobachtungen verteidigen und seine Generalamnestie für die mütterlichen »Dornen« wird ein für allemal lauten, die Mutter sei doch »nur« schwach, arglos, unbeschützt und hilflos; er selbst, der »Kleine Prinz«, wird daher auf seine Mutter achthaben müssen; er selbst wird sie umsorgen und behüten und alles nur Erdenkliche für sie tun; er wird, beschirmt im Mantel seiner Königin, als tapferer Streiter für den Schutz und die Ehre seiner Mutter ins Feld ziehen – eine höchst strapaziöse Doppelrolle, in welcher das Kind als der beschützte Beschützer, um von der Mutter geliebt zu werden, im Grunde die Stelle ihres Gatten übernehmen muss.

Tatsächlich steht zu vermuten, dass die Erzählungen des »Kleinen Prinzen« von dem »Planeten« der »Rose« bis ins Detail hinein autobiographische Erinnerungen EXUPÉRYS verschlüsseln. Immer wieder nimmt es bei der Lektüre des »Kleinen Prinzen« wunder, dass die »Rose« erst relativ spät auf dem »Planeten« erscheint. Bis dahin lebte der »Kleine Prinz« offenbar in einer ungebrochenen Dualunion mit seiner Mutter, und die kugelrunden Bilder, die EXUPÉRY von dem »Planeten« malt, scheinen in diesem Zusammenhang bestimmte säuglingshafte Phantasien von Geborgenheit und Liebe symbolisch zu verdichten[89]. Es ist eine Zeit, in der die Mutter noch nicht als ein wirkliches Gegenüber existiert, wo aber bereits gewisse anale Forderungen nach Sauberkeit und Ordnung, das »Fegen der Vulkane«, auf das genaueste einzuhalten sind[90]. Erst zu einem späteren Zeitpunkt tritt die Mutter in der Gestalt der hilflos-dornigen »Rose« in Erscheinung, und vieles spricht dafür, dass hinter diesem Ereignis, das auf Jahre hin das Leben des »Kleinen Prinzen« bestimmen wird, sich der Tod des Vaters verbirgt, der starb, als EXUPÉRY gerade vier Jahre alt war[91] – eine Phase der psychischen Entwicklung, in der ohnehin die Bindungen, Ambivalenzen und Konflikte zwischen einem Jungen und seiner Mutter ein besonderes Gepräge erlangen und nach Auflösung des »Ödipuskomplexes« die spätere Einstellung des Gewissens wesentlich bestimmen. Jedenfalls ließe sich von daher das gesamte Klima auf dem Planeten der »Rose« gut verstehen: die Melancholie und Einsamkeit, die Ausschließlichkeit und zärtliche Bewunderung, mit welcher der »Kleine Prinz« sich der »Rose« widmet, und das übergroße Verpflichtungsgefühl, für sie verantwortlich zu sein und sie »beschützen« zu müssen. Die Frage ist jetzt nur: wovor oder wogegen muss die »Rose« eigentlich sich schützen oder geschützt werden?

An und für sich ließen sich eine Fülle von Gefahren ausdenken, die auf dem Planeten des »Kleinen Prinzen« der »Rose« bedrohlich werden könnten – keine einzige trifft zu. Die Gefahr der »Affenbrotbäume«, dass der »Kleine Prinz« zu stolz, zu vorlaut und überheblich würde, ist längst in täglicher Kleinarbeit ausgerottet worden; auch dass etwa »Tiger« auf dem »Planeten« des »Kleinen Prinzen« leben könnten, dass also der »Kleine Prinz« zu aggressiv und roh sein könnte, steht nicht ernsthaft zu befürchten[92]. Die einzig wirkliche Gefahr droht überhaupt erst, wenn der »Kleine Prinz« – nach einer längeren Zeit der Trennung – zu dem Planeten der »Rose« mit seinen »Schaf« zurückkehrt.

Auch das Symbol des »Schafes« ist zwiespältig genug, und es bekommt erst einen rechten Sinn, wenn man es auf das Verhältnis Exupérys zu seiner Mutter bezieht; – unabhängig davon müsste es geradezu absurd anmuten. Denn natürlich weiß der »Kleine Prinz«, dass ein »Schaf« »dumm« genug ist, eine »Rose« zu »fressen«; warum um alles in der Welt will er dann partout ein »Schaf« auf seinen »Planeten« mitnehmen? Und wieso muss der »Flieger« ihm ein solches »Schaf« zeichnen, wieso kann er sich nicht selber malen, was er will, und wieso überhaupt können gezeichnete Schafe »Rosen« »fressen«? Man mag solche Fragen als typische »Erwachsenen«-Fragen abtun und antworten, für ein Kind sei eben ein gezeichnetes Schaf ein wirkliches Schaf, aber damit leugnet man nur die Sonderbarkeit der ganzen Szene, statt sie zu erklären. Die Wahrheit ist offenbar, dass der »Kleine Prinz« selber in die Rolle, in das »Bild« des »Schäfchens« schlüpfen muss, um an der Seite seiner Mutter leben zu können. In jedem Konfliktfall wird er sich selbst, statt der Mutter, schuldig sprechen müssen; um selbst »unschuldig« zu sein, wie ein Lamm, muss er sich selbst in ein »Schaf« verwandeln: immer, wenn er seine Mutter mit ihren »Dornen«, ihren Allüren, nicht begreift, ist dies als Folge seiner »Dummheit« zu verstehen; immer, wenn seine Mutter ihm wehtut, ist dies nur als Ergebnis seiner vorlauten und frechen Art zu begreifen – unbedingt bedarf das »Schaf« eines »Maulkorbs«, damit es nicht die »Rose« frisst, wie die »Riesenschlange« den »Elefanten« gefressen hat[93]. Dieses »Umdenken« des Denkens verlangt von einem Kind Anstrengungen, die es endgültig daran hindern, einfach ein »Kind« zu sein; sie legen ihm eine Verantwortung auf, an der die meisten Erwachsenen scheitern müssten. Exupéry hingegen hat dieses Kunststück seiner Kindertage offenbar bis zu einer gewissen Grenze fertiggebracht: er hat über die Maßen das Denken eines Erwachsenen ausgeprägt, um das Kind seiner Mutter bleiben zu können; er hat den »Flieger« gebeten, dem »Kleinen Prinzen« ein »Schaf« zu »zeichnen«, und zwar eines, das keine »Hörner« hat[94] und das seiner Mutter gleich die doppelte Freude bereitet, trotz allem nicht zu »alt« bzw. zu »altklug«, zu melancholisch, traurig und krank zu wirken, und seine phantastische Existenz obendrein dem alleinigen Umstand zu verdanken, dass es wohlverwahrt in der »Kiste«, im

Schoß der mütterlichen Obhut, bleibt. Aus dem Alptraum von dem Elefanten in der Riesenschlange ist, schon eine Szene später, ein ausdrücklicher Wunsch, ein Bedürfnis geradezu geworden, und die einzige Sorge wird fortan allein der Frage gelten, wie man dem »Schaf« das »Maul« zubinden kann – eine einzige Unbedachtsamkeit, und es könnte für die »Rose« lebensgefährlich werden[95]. Keine Unruhe und Angst des »Kleinen Prinzen« ist größer als diese; ihr gilt all seine Aufmerksamkeit, und schlimmer als am Ende der eigene Tod ist die furchtbare, jederzeit drohende Möglichkeit, die schutzlose »Rose«, die arme Mutter, durch ein falsches Wort zu töten; mit ihr wäre die ganze Welt gestorben und alle Sterne wären ausgelöscht[96]. Es gibt, Gott sie Dank gegenüber dieser Gefahr eine Instanz in Exupéry, die den »Kleinen Prinzen« in Sicherheit wiegen und trösten kann: die »Rose« ist nicht ernsthaft in Gefahr; aber die Bindung dafür lautet, dass man auf das »Schaf« achthat und ihm den »Maulkorb« umlegt: ein einiges »dumm« dahergesagtes Wort – es könnte für die Mutter tödlich sein.

Dass wir bei dieser »ödipalen« Rekonstruktion der Welt des »Kleinen Prinzen« nicht in die Irre gehen, wird en detail durch die weiteren Schilderungen der »Rose« selbst bestätigt. Als sie mit dem »Sonnenaufgang« erscheint, gleich dem ägyptischen Gott Nefertem, dem Lotosentsteigenden[97], geschieht dies nicht, ohne dass sie in üppiger Aufdringlichkeit und verführerischer Langsamkeit ihre Morgentoilette pflegt. Offensichtlich entdeckt der »Kleine Prinz« zum ersten Mal die Schönheit seiner Mutter als

Frau, und so fremdartig-eitel und sonderbar anspruchsvoll ihm die »Rose« auch scheinen mag, so erregt sie doch in ihm eine durchaus sinnlich zu nennende Faszination und eine gebannt-erstaunte Bewunderung. Auch dieser Eindruck spricht sehr für die Annahme, dass das Erblühen der »Rose« auf das engste mit den Erlebnissen Exupérys in der Phase seiner ersten kindlichen Sexualentwicklung zusammenhängt.

Gleichwohl liegt das eigentliche Dilemma der Mutter-Kind-Beziehung im Leben Exupérys wohl nicht zentral im sexuellen Bereich. Zwar gibt es in seinem Werk genügend Schilderungen, in denen die Frau als femme fatale mit lasziv-verächtlichen Zügen erscheint, verlockend und ängstigend zugleich, und diese Bilder werden nur mühsam durch das stereotype Bild der Frau als Mutter kompensiert[98]; zudem sucht man in Exupérys Werk vergebens nach Stellen, an denen wenigstens in Ansätzen einmal ein wirklicher Dialog zwischen einem Mann und einer Frau zustande käme. Aber entscheidend ist, jedenfalls nach den Eindrücken des »Kleinen Prinzen«, nicht eigentlich die »ödipale« Thematik, sondern von seiten der Mutter weit eher die depressive Durchtönung aller Lebensregungen mit den seltsamsten und unbegreifbarsten Erwartungen und damit verbunden, auf der Seite des »Kleinen Prinzen« ein ständiges Fluidum von Schuldgefühlen und Selbstvorwürfen.

Kaum erwacht, beliebt etwa des Morgens die »Rose« zu dejeunieren, und der »Kleine Prinz« hat seine Aufwartung mit »Gießkanne« und »frischem Wasser« zu machen. Der Ton, in dem die »Rose« ihre Anweisungen gibt, wirkt höchst gravitätisch, vornehm und geziert – jede Unbotmäßigkeit ihr gegenüber käme einer Majestätsbeleidigung gleich. Diese Apartheit der »Rose« ist um so auffälliger, als Exupéry seinen »Kleinen Prinzen« bei jeder sich bietenden Gelegenheit sonst in Verachtung für die hohle Eitelkeit und unsinnige Wichtigtuerei der »großen Leute« geradezu schwelgen lässt. Nur hier, bei der »Rose« werden alle Ansätze zu einer möglichen Kritik , die dem »Kleinen Prinzen« sehr wohl auf der Zunge lägen, bereits im Keim erstickt. Der Eindruck ist nicht abzuweisen, als ob der »Kleine Prinz« mit großer Heftigkeit die »Erwachsenen« ringsum zu einem Gutteil gerade mit der Verachtung belegen würde, die ursprünglich seiner »Rose« gegolten hat, dort aber der Zensur des »Maulkorbes« anheimfiel – eine verschobene Kritik, die dem Schutz und der Unversehrtheit des Mutterbildes gilt, jedoch die Ambivalenz- und Schuldgefühle zwischen Mutter und Kind eher noch zu verlängern hilft.

Vor allem zeigt die »Rose« sich auf eine geradezu unnatürliche Weise empfindlich für »Zugluft«, für »atmosphärische Schwankungen« sozusagen, und es klingt tragisch-grotesk, wenn der »Kleine Prinz« eine »Glasglocke«, einen »Wandschirm« besorgen muss, damit die »Rose« sich nicht erkältet. Um zu verhindern, dass die Mutter nicht »verschnupft« ist oder »die Nase voll hat«, muss das Kind mithin bestrebt sein, einen ständigen Schon- und Schutzraum um die Mutter zu bilden, und zwar wiederum ohne auch nur verstehen zu können, warum dies so ist. Wohl versucht die »Rose« ihre Empfindlichkeit dem »Kleinen Prinzen« mit ihrer »besonderen Herkunft« zu erklären und nur den einen Zweck verfolgen: Ihn ins Unrecht zu setzen. Selbst dagegen aber kann und darf er keine Einwände erheben; er hat sich ganz und gar den Launen seiner »Rose« zu fügen, und es genügt, dass sie »hustet«, um ihm Schuldgefühle und Gewissensbisse aufzunötigen[99]. Das Bild von der »Riesenboa« und dem »Elefanten«, das eingangs nur recht vage zu deuten war, erhält jetzt seinen Inhalt und sein Thema.

Denn die »Schwierigkeiten«, die der »Kleine Prinz« mit seiner »Rose« hat, sind unter den gegebenen Bedingungen – die Mutter hat immer recht, auch wenn sie unrecht hat; man ist ein »Schaf«, wenn man der Mutter widersprechen will; und: jeder Widerspruch gegen die Mutter ist eine tödliche Beleidigung – von vornherein nicht lösbar. Im Gegenteil, man kann auf dem Planeten der »Rose« sich drehen und wenden, wie man will, man kommt aus dem Gefühl nicht heraus, es bei allem guten Willen der »Rose« niemals recht machen zu können, und sie, die ohnmächtige, hilflose, arme »Rose«, hat in Wirklichkeit nicht nur »Dornen«, sondern selber wahrhaftige Tigerkrallen[100]. Nur wie nebenbei erwähnt der »Kleine Prinz« die schlimmste aller mütterlichen Waffen: die erpresserische Drohung, sich sterben zu lassen, um den »Kleinen Prinzen« selber mit tödlichem Schamgefühl zu erfüllen[101]. Für ein Kind gibt es durchaus keinen furchtbareren Vorwurf, als hören zu müssen, es sei durch sein mangelhaftes Betragen schuldig am möglichen Tod seiner Mutter; eher wird ein Kind selber das Recht auf sein eigenes Leben für verwirkt halten, als etwas zu tun, das es in die Nähe dieses Vorwurfes bringen könnte. Die »Rose« des »Kleinen Prinzen« aber verlangt, um nicht vom Tod bedroht zu sein, im Grunde noch nicht einmal ein bestimmtes überschaubares und erfüllbares Verhalten – ihr Anspruch richtet sich totalitär und maßlos darauf, uneingeschränkt geliebt zu werden; was sie am meisten unterdrückt, ist die pure Möglichkeit, dass es neben ihr noch etwas anderes geben könnte, das ihr ebenbürtig, wo nicht überlegen wäre, und wo immer der Verdacht auftaucht, der »Kleine Prinz« könnte seine Aufmerksamkeit auf irgend etwas anderes richten denn auf seine »Rose«, ist diese jederzeit imstande, ihn mit den Schuldgefühlen eines potentiellen Mörders zu überhäufen. Es hilft nichts, dass der »Kleine Prinz« sehr wohl ahnt, wie sehr die depressiven »Hustenattacken« seiner »Rose«, ihrer Vorwürfe, er sorge sich nicht genug um sie, er sei zu »kalt« und »lieblos«, er sei »untreu« und »undankbar«[102], letztlich nur ein Mittel sind, um auch weiterhin der »Rose« Macht und Einfluss zu sichern; im ganzen bleibt ein immerwährendes Schuldgefühl übrig, das die Beziehung zwischen Mutter und Sohn gerade infolge ihrer Intensität und Nähe von Grund auf vergiftet.

Um mit einer solchen »Rosen«-Mutter zu leben, sagt sich später der »Kleine Prinz«, gäbe es nur ein einziges Mittel: man dürfte die Worte der Mutter nicht so ernst nehmen; man müsste sie oft einfach überhören oder als Marotte übergehen; statt dessen müsste man sich um so mehr vor Augen halten, von welch einer Liebenswürdigkeit die »Rose« an sich selber ist und welch ein zauberhaftes Klima sie zu verbreiten vermag; man müsste begreifen können, dass auch und gerade ihre Vorwürfe und Depressionen ein Ausdruck von »Zärtlichkeit« und »Liebe« sind[103]; aber um so fühlen zu können, müsste man der »Rose« frei und unabhängig gegenübertreten. Kein Kind, solange es ein Kind ist, wird dazu imstande sein, und so fasst der »Kleine Prinz« die Tragödie seiner Beziehung zur »Rose« ganz richtig in die erschütternden Worte: »Ich war zu jung, um sie lieben zu können.«[104] Niemals sonst im Leben ist ein Mensch so sehr darauf angewiesen, von der Mutter geliebt zu werden und die Mutter liebhaben zu können, wie in der Zeit der Kindheit; wenn man aber zur Mutter eine »Rose« hat, die, wie auf Rilkes Grabstein – und in Erinnerung an seine eigene Mutter! – nur als »reiner Widerspruch« zu begreifen ist[105], dann ist dieses Bedürfnis nach Liebe auf die Dauer nicht erfüllbar; dann gilt es unter Umständen, die eigene Mutter schließlich zu fliehen wie eine Lebensgefahr, und gerade dies tut der »Kleine Prinz«, aber wiederum nur um zu erleben, dass ihn selbst bei seiner Flucht, ja gerade wegen seiner Flucht nur um so heftigere Schuldgefühle quälen. Es gibt vor dem unsichtbaren Schlangenrachen, vor der Tigerkrallen dieser Mutter kein Entrinnen!

Kaum nämlich macht der »Kleine Prinz« mit seinem stummen Protest ernst und beginnt mit den Vorbereitungen seiner Abreise, da gibt sich (überraschenderweise!) die »Rose« so tapfer und selbstlos wie noch nie zuvor. Es ist wahr: sie hat den »Kleinen Prinzen« über alles lieb, sie wünscht ihm so sehr, dass er glücklich ist[106], und sie hat mit all ihren Neuralgien und Querelen dieses Ergebnis auf keinen Fall erreichen wollen. Aber es käme jetzt, da der

»Kleine Prinz« sich von ihr zu trennen sucht, fast einer Erleichterung gleich, wenn sie die üblichen Vorwürfe und Lamentationen hören ließe – es böte dann, wenigstens im Rückblick, so etwas wie eine Entschuldigung und Rechtfertigung für den grausamen Entschluss des »Kleinen Prinzen«, die Mutter allein zu lassen; stattdessen muss ihre »stille Sanftmut«[107], die sie ausgerechnet in diesem Augenblick demonstrativ zur Schau trägt, wie ein lebendiger Vorwurf wirken und soll es wohl auch. Ja, die »Rose« die bislang alle Schuld einseitig auf den »Kleinen Prinzen« zu häufen wusste, zeigt sich mit einem Mal fähig, eine gewisse Mitschuld an der Beziehungstragödie einzugestehen und nicht nur den »Kleinen Prinzen«, sondern auch sich selber »dumm« zu schelten[108]. Doch dieser Akt einer späten Reue kommt nicht nur zu spät, er ist geschickt genug eingefädelt, um dem Fluchtversuch des »Kleinen Prinzen« jede Legitimation zu nehmen, und er, der bislang stets durch seine »Dummheit« schuldig war, muss jetzt, da er seiner Mutter den Rücken kehrt, die allergrößten Schuldgefühle haben, wo doch die Mutter so gut ist, so anspruchslos und so bescheiden, und vor allem: wo sie ihm so verständnisvoll gegenübertritt. Sie versteht ja, dass es keine »Schmetterlinge« ohne das Stadium der »Raupen« gibt[109]; sie akzeptiert mit anderen Worten die Entfremdung des »Kleinen Prinzen« als einen notwendigen »Verpuppungsvorgang«, und sie duldet und trägt all diese Bitterkeiten mit einer so rührenden Geduld und Einfühlung. Wie schlecht muss der »Kleine Prinz« sich mithin fühlen, wenn er diese Selbstoffenbarung der wahren Größe und Güte seiner »Rose«

missachtet und bei seinem Fluchtplan bleibt! Ihn selber überkommt die tiefste Reue und Traurigkeit, und es ist schließlich gar die »Rose« selber, die ihn drängen muss, dem quälenden »Abschied« ein Ende zu bereiten. Ihre »Erlaubnis« indessen, ja ihr »Wunsch«, der »Kleine Prinz« möge unabhängig von ihr sein Glück machen und finden, fesselt ihn enger an die »arme« »Rose«, als es alle offen geäußerten Vorwürfe und Vorhaltungen bisher vermochten: Die Frage nach ihrem Wohl und Wehe wird fortan sein ständiger Begleiter sein; zur Legitimation seines Entschlusses wird er künftighin den Nachweis zu erbringen haben, auch wirklich in der Fremde Glück und Erfolg zu erlangen, wenn anders er der »Rose« nicht neuerlichen Kummer zu der schmerzhaften Großmut ihres Verzichtes hinzufügen will; und selbst das Glück, das er erringen sollte, wird durch das Gefühl der Schuld vergiftet sein, er habe es erkauft mit den Tränen, ja dem Lebensopfer seiner »Rose«.

All diese Feststellungen über den Hintergrund der Erlebniswelt des »Kleinen Prinzen« lassen sich treffen, wenn man den zunächst so unzusammenhängend und eigentümlich anmutenden Mitteilungen über den Planeten der »Rose« einmal aufmerksam und konsequent genug nachgeht und dabei vor allem ihren Symbolwert psychoanalytisch mit der gebotenen Sorgfalt erschließt. »Der Kleine Prinz« erscheint bei solcher Betrachtung wie der verschlüsselte Rechenschaftsbericht einer wenig »rosigen« Kindheit, wie die Abrechnung mit den halbbewussten, meist unbewussten Einflüssen und Prägungen seitens der liebevoll-schmerzhaften Mutter-Rose und wie ein Versuch, endlich eine richtige und gerechte Lösung für ein nicht endendes Dilemma zu finden. Freilich geschieht dies alles schwebend und verschlüsselt, so als dürfte man es nur ahnen, nicht sagen. Immer wieder betont Exupéry, dass sein »Kleiner Prinz« keine Antwort gebe, wenn man ihm eine Frage stelle[110], und das ist in vordergründigem Sinne sicherlich wahr. Aber gerade weil das eigentliche Thema des »Kleinen Prinzen«, das Geheimnis der Mutter, unter einer Decke von Schuldgefühlen, Ängsten und Ambivalenzkonflikten offenbar nach wie vor unaussprechlich ist, bedarf es der symbolischen Verdichtung, die dem Bewusstsein verhüllt, was es nicht wissen will, objektiv jedoch unendlich viel mehr mitteilt, als man am hellen Tage selbst nicht eingestehen würde. Gerade als Symbolgestalt, als Bild, antwortet der »Kleine Prinz« durch sein bloßes Dasein auf alle Fragen, die psychoanalytisch von Belang sind, und die Kunst besteht nur darin, sich die »richtigen« Fragen vorzulegen bzw. sich in die Gefühlsbedeutung aller Mitteilungen des »Kleinen Prinzen« tief genug einzufühlen, bis dass kein Detail mehr überflüssig, disparat und widersprüchlich scheint. Dann erfährt man anhand der berühmtesten und wichtigsten Dichtung Exupérys mehr über dieses wunderbare und zutiefst verwundete Kind Exupéry als in allen Biographien und Monographien über diesen unsterblichen Lieblingsautor eines Millionenpublikums zu lesen ist.

Aber, wird man eventuell immer noch einwenden, vielleicht basieren all diese psychoanalytischen Rekonstruktionsversuche und Deutungen auf vorgefassten Urteilen und unzureichenden theoretischen und methodischen Voraussetzungen? Vielleicht wird hier nur »wieder einmal« etwas menschlich Großes und Großartiges in den Schmutz »ödipaler Phantasien« gezogen? Vielleicht war auch »alles ganz anders«? Und schließlich: wer garantiert überhaupt schon die Richtigkeit psychoanalytischer Deutungen?

Es bleibt hervorzuheben, dass alles, was bisher über die Bindung des »Kleinen Prinzen« an seine »Rose« gesagt wurde, fast ausschließlich anhand der Lektüre des »Kleinen Prinzen« selbst entwickelt wurde – ohne größere Zuhilfenahme anderer biographischer oder autobiographischer Informationen; es bleibt des weiteren darauf hinzuweisen, dass zahlreiche wichtige Passagen in der Erzählung Exupérys als rein zufällig, unverständlich oder schlechterdings grotesk stehen bleiben müssten, ließen sie sich nicht im angegebenen Sinne von einem einzigen zentralen Problemkomplex her als in sich begründet, notwendig und folgerichtig erweisen. Dieses Kriterium der inneren Geschlossenheit und Übereinstimmung ist ein recht starkes Argument, um die Richtigkeit der getroffenen Deutungen unter Beweis zu stellen. Aber auch demjenigen, der die Psychoanalyse mit Skepsis und Unverständnis betrachtet, lässt sich plausibel machen, dass es in Exupéry wirklich in der gezeigten Weise die Gestalt des »Kleinen Prinzen« mit seinen Sorgen, Schuldgefühlen, Ängsten und Verpflichtungsgefühlen gegenüber seiner geheimnisvollen »Rose«

gab und dass diese »Rose« niemand anders war als seine Mutter.

Glücklicherweise nämlich liegen uns aus einem Zeitraum von über 20 Jahren die Briefe Exupérys an seine Mutter vor, und selbst wenn man unterstellt, dass die südländische Sprechweise des Romans weit mehr an Zärtlichkeit und Poesie in die Beziehung eines Jungen, eines Jünglings, eines Mannes zu legen vermag, als es etwa im Deutschen möglich wäre, so wird man doch betroffen und erstaunt sein, zu sehen, wie völlig unverändert durch Ausbildung, Beruf, Heirat und Krieg ein Vierteljahrhundert lang immer die gleichen Gefühle von Besorgnis, Traurigkeit, Schutzsuche, Verantwortung, Abhängigkeit und vermeintlicher Treue gegenüber der Mutter in diesen Briefen zum Ausdruck kommen, und es sind ganz offensichtlich dieselben Gefühle, die in ganz und gar identischer Weise auch beim »Kleinen Prinzen« in der merkwürdigen Beziehung zu seiner »Rose« anklingen. Mit Angabe der Jahreszahlen führen wir daher im folgenden am besten einfach ein paar Auszüge aus den Briefen Exupérys an seine Mutter auf, und mit Leichtigkeit wird sich dann jeder selbst ein Bild davon machen können, wie vollkommen gebunden Exupéry an seine Mutter zeit seines Lebens war. Bei den ersten Briefen ist Exupéry 21 Jahre alt, bei den letzten 44 – dazwischen liegt ein halbes Menschenleben; aber der Mensch Exupéry ist in bezug zu seiner Mutter während all der Zeit vollkommen unverändert und unwandelbar der gleiche: bittend und verehrend, reumütig und zerknirscht, schutzsuchend und zugleich behüten wollend, immer wieder das Schicksal seiner Mutter an das eigend bindend, nach Freiheit suchend und doch nach Hause verlangend – eine ständige Ambivalenz, die als Gesamteindruck den sprechendsten Kommentar zu den »Schwierigkeiten« und »Verantwortungsgefühlen« des »Kleinen Prinzen« bezüglich seiner »Rose« bietet, der nur irgend denkbar ist.

»Mama«, schreibt Exupéry 1921, »ich lese nochmals Deinen Brief. Du kommst mir so traurig und müde vor – und dann machst Du mir mein Schweigen zum Vorwurf – Mama: aber ich habe doch geschrieben! Du kommst mir traurig vor, und da werde ich melancholisch ... Ich umarme Dich, so wie ich Dich lieb habe, meine kleine Mama.«[111]

»Und ich träume auch viel von Dir und erinnere mich an viele Dinge von Dir, damals als ich klein war. Und es schneidet mir ins Herz, dass ich Dir so oft Kummer bereitet habe. Wenn Du nur wüsstest, Mama, wie köstlich ich Dich finde, die feinste aller ›Mamas‹, die ich kenne. Und Du verdientest so sehr, glücklich zu sein und auch: nicht einen garstigen großen Jungen zu haben, der den ganzen Tag brummt oder wettert. Nicht wahr, Mama?«[112] (1921)

»Ich brauche Dich ebensosehr wie damals, als ich ganz klein war. Die Feldwebel, die militärische Disziplin, die Kurse über Taktik, was ist das alles für trockenes und sprödes Zeug! Ich sehe Dich vor mir, wie Du die Blumen im Salon ordnest und bekomme eine Wut auf sie: auf die Feldwebel. Wie konnte ich Dich nur manchmal zum Weinen bringen?

Wenn ich daran denke, bin ich so unglücklich. Ich ließ Dich an meiner Zärtlichkeit zweifeln. Und doch: wenn Du nur von ihr wüsstest, Mama. – Du bist das Beste, was ich im Leben habe. Ich habe heute abend Heimweh wie ein kleiner Junge. Wenn ich mir vorstelle, dass Du dort herumgehst und sprichst und dass wir zusammen sein könnten und dass ich nichts von Deiner Zärtlichkeit habe und dass auch ich Dir keine Stütze bin. – Mir ist wahrhaftig zum Heulen heute abend. Du bist der einzige Trost, wenn man traurig ist. Als ich ein kleiner Junge war, kam ich mit meinem dicken Ranzen auf dem Rücken nach Hause, schluchzend, weil ich bestraft worden war – Du erinnerst Dich doch an Le Mans; und nur durch einen Kuss von Dir war alles vergessen. Du warst ein allmächtiger Schutz gegen die Aufpasser und den Pater Präfekten. Man fühlte sich geborgen in Deinem Hause, man gehörte nur Dir! wie gut war das. – Nun, jetzt ist das ebenso, Du bist meine Zuflucht, Du weißt alles, du lässt alles vergessen, und ob man will oder nicht, man fühlt sich als ganz kleiner Junge.«[113] (1922)

»Ich bin so traurig, weil ich weiß, dass Du leidend bist … Ich weiß genau, dass ich Dir mein ganzes Vertrauen schenken und Dir meinen Kummer erzählen sollte, damit Du mich trösten kannst, wie damals, als ich klein war und Dir all mein Leid herunterbetete. Ich weiß ja, dass Du Deinen Sohn, diesen langen Kerl, so lieb hast.«[114] (1923)

»Ich lege alles in Deine Hände; Du wirst dann mit den höheren Mächten reden, und so wird alles gut gehen. Ich bin jetzt wie ein ganz kleiner Junge; ich flüchte mich zu Dir.«[115] (1923)

»Ich habe seit einem Monat nichts von Dir erhalten. Und doch schreibe ich häufig, und das schmerzt mich. Ein Wort von Dir hätte mich so gut hier empfangen, denn Du bist, meine keine Mama, die große Liebe meines Herzens. Wenn ich fern bin, erkenne ich nämlich besser, welche Freundschaften für mich eine Zuflucht bedeuten, und ein Wort von Dir, ein Andenken an Dich kurieren meine Melancholie.«[116] (1926)

»Du bist die Allerliebste auf der Welt … Du bist sehr weit fort von mir. Und ich denke an Deine Einsamkeit … Wenn ich erst heimkomme, kann ich ein Sohn für Dich sein, wie es mein Traum ist, und Dich zum Diner einladen, und Dir so viele kleine Freuden machen; denn als Du nach Toulouse kamst, empfand ich solche Trauer und solche Scham, weil ich nichts für Dich tun konnte, dass ich ganz bekümmert und mürrisch wurde und nicht zärtlich sein konnte. – Aber Du kannst Dir sagen, meine kleine Mama, dass Du mein Leben mit freundlichen Dingen bevölkert hast, wie das niemand anders fertiggebracht hätte. Und dass Du die ›erfrischendste‹ meiner Erinnerungen bist, die am meisten in mir wachruft. Und der geringste Gegenstand, der Dir gehört, wärmt mich innerlich: Dein Schal, Deine Handschuhe – sie behüten mein Herz.«[117] (1926)

»Wenn Du willst, heirate ich …«[118] (1928)

»In Le Mans sangst Du zuweilen unten, wenn wir schon im Bett lagen. Das drang zu uns wie der Widerhall eines ungeheueren Festes. So kam es mir vor. Der ›gütigste‹, der friedlichste, der freundlichste Gegenstand, den ich jemals gekannt habe, war der kleine Ofen im oberen Zimmer in Saint Maurice. Nie hat mich etwas so sehr über das Dasein beruhigt ... Dieser kleine Ofen behütete uns vor allen Gefahren. Zuweilen kamst Du herauf, öffnetest die Tür und fandest uns gut umhegt von einer wohligen Wärme. Du hörtest ihn emsig brummen und gingst dann wieder hinunter. Ich habe nie solch einen Freund gehabt. – Was Unendlichkeit ist, lehrte mich nicht die Milchstraße, nicht die Fliegerei, nicht das Meer, sondern das zweite Bett in Deinem Zimmer. Es war ein wunderbarer Glücksfall, krank zu sein ... Dieses Bett war ein Ozean ohne Grenzen, auf den die Grippe ein Anrecht verlieh. Es gab da auch einen lebendigen Kamin. Was Ewigkeit ist, lehrte mich Marguerite. Ich bin nicht ganz sicher, ob ich seit meiner Kindheit gelebt habe.«[119] (1930)

»Ich habe geweint, als ich Deinen kleinen, so besonnenen Brief las, denn in der Wüste hab ich nach Dir gerufen. Ich war in großem Zorn entbrannt gegen die Trennung von allen Menschen, gegen dieses Schweigen, und ich rief nach meiner Mama. Es ist schrecklich, wenn man jemanden zurücklässt, der einen braucht wie Consuelo (sc. die Frau Exupérys d. V.). Man sehnt sich gewaltig danach heimzukommen, um zu behüten und Schutz zu gewähren, und man reißt sich die Nägel aus an diesem Sand, der einen hindert, seine Pflicht zu tun, und man möchte Berge versetzen. Dich aber brauchte ich; es war an Dir, mich zu behüten und mir Schutz zu gewähren, und ich rief nach Dir mit der Selbstsucht einer kleinen Ziege. Ein wenig Consuelo zuliebe bin ich heimgekommen, aber durch Dich, Mama, kommt man heim. Die Du so schwach bist, wusstest Du Dich so sehr als Schutzengel und stark und weise, dass man zu Dir betet, allein, in der Nacht?«[120] (1936)

»Und doch hoffe ich so sehr, dass Du mich in einigen Monaten vor Deinem Kaminfeuer in die Arme schließen kannst, meine kleine Mama, meine alte Mama, meine zärtliche Mama; ich hoffe, ich kann Dir dann alles sagen, was ich denke, alles mit Dir bereden, wobei ich Dir so wenig wie möglich widerspreche …, Dir zuhören, wenn Du zu mir sprichst, die Du immer recht hast in allen Dingen des Lebens … Meine kleine Mama, ich habe Dich lieb.«[121]

(1944)

Noch einmal findet man in diesem letzten Brief Exupérys das Problem des »Schäfchens« und seines »Maulkorbs« angedeutet, das Problem der »Rose«, die in allem recht hat, einfach weil sie rechthaben *muss;* darüber hinaus aber belegen diese Briefe sehr eindringlich den für Exupéry so wichtigen Gedanken der Pflicht und der Treue, und sie dokumentieren vor allem sein starkes Gefühl der Abhängigkeit von der »Atmosphäre« des Wohlseins, von dem »Duft«, den die »Rose« auf ihrem kleinen »Planeten« verbreitet. Überdeutlich zeigt sich in diesen Briefen ferner, wie intensiv EXUPÉRY sein Leben lang an seine Mutter gebunden war, deren melancholische Vorwürfe ihn mit Schuldgefühlen und nicht endenden Wiedergutmachungsversuchen belasteten und die doch zugleich mit ihrer Sensibilität einen allmächtigen Schutz gegen die so lieblose Welt draußen um ihn zu bilden vermochte.

Damit sind unsere Eindrücke bei der Analyse des »Kleinen Prinzen« mehr als bestätigt. Offenbar war dies wirklich die eine, für die Außenwelt streng verborgene Seite im Wesen EXUPÉRYS, die sich im »Kleinen Prinzen«, wenngleich symbolisch verschlüsselt, doch insgesamt weit deutlicher ausspricht als in jedem anderen Werk von oder über EXUPÉRY selbst: die unaufgelöste und unauflösliche Bindung an seine Mutter mit all ihren Sehnsüchten, Ambivalenzgefühlen, Forderungen und Schuldgefühlen. Mit anderen Worten: das zentrale Geheimnis des »Kleinen Prinzen«, das Geheimnis der »Rose«, versteht man nur, wenn man es deutet auf seine Mutter hin.

2. Das Geheimnis des Ikarus

Gleichwohl ist die kindliche Abhängigkeit von der Mutter nur die eine, die verborgene Haltung Exupérys: die andere, für alle sichtbare und von allen bewunderte Seite an ihm ist die Rolle des »Fliegers«, die Pose des überlegenen, himmelstürmenden, wagemutigen Denkers, Dichters, Kulturkritikers und Kameraden. Leicht übersieht man freilich bei den üblichen Lobliedern auf den »Flieger« Exupéry[122], dass es gerade diese Rolle ist, die im »Kleinen Prinzen« förmlich darauf wartet, durch einen anderen Standpunkt ergänzt, ja erlöst zu werden: der »Flieger« ist gescheitert – damit beginnt das Märchen vom »Kleinen Prinzen«. Man muss daher, um die Symbolik dieser Erzählung richtig zu verstehen, zugleich der Frage nachgehen, was in dem Symbol des »Fliegers« lebt bzw. scheinbar nicht mehr lebensfähig ist; man erhält dann eine Art Umkehrbild zu der Gestalt des »Kleinen Prinzen«, und erst der Kontrast und die gegenseitige Spannung zwischen diesen beiden Symbolfiguren machen Exupérys eigentliches Thema und Wesen, seine wirkliche Gestalt und Wahrheit aus. Nur innerhalb der Spannung des »Kleinen Prinzen« und des »Fliegers« wird verständlich, warum die »prophetischen« Ansätze der »Botschaft« Exupérys niemals den melancholischen Horizont unerfüllbarer Sehnsucht überschreiten konnten und sich de facto außerstande zeigten, in eine ruhige Überzeugung einzumünden.

In der Psychoanalyse (ebenso wie in der Gesellschaftskritik des Marxismus) herrscht immer noch die Neigung vor, geistige Einstellungen als Epiphänomene oder Reflexe bestimmter seelischer Komplexe (bzw. gewisser sozialer und ökonomischer Konflikte) zu deuten; unterstellt wird dabei eine strenge Determiniertheit zwischen »Basis« und »Überbau«, so als seien die geistigen Inhalte selbst ein »Produkt« zugrundeliegender unbewusster Vorgänge. Nun lässt sich gewiss nicht leugnen, dass bestimmte Theoriebildungen und Lebenseinstellungen sich als Ideologisierung oder Rationalisierung, als Rechtfertigung und Verschleierung unbewältigter seelischer (oder gesellschaftlicher) Unverträglichkeiten darstellen können. Generell aber lässt sich diese Voraussetzung wohl kaum unterstellen, es sei denn, man wollte – selbst ideologieabhängig – alle geistigen Überzeugungen für etwas Uneigentliches, Abgeleitetes und Verschleierndes erklären. In Wahrheit wird man nicht von den geistigen Inhalten selbst her auf bestimmte seelische (oder soziale) Komplexe zurückschließen können, sondern es werden gerade die Ungereimtheiten, gedanklichen Brüche und Widersprüche innerhalb einer geistigen Überzeugung sein, die auf die Komplexbedingtheit bestimmter Ansichten hindeuten. Nicht der Geist selber, wohl aber die Einengung des Geistes, die Verformungen und Verstellungen des geistigen Gesichtsfeldes lassen sich u. U. als Folge psychischer Gehemmtheiten und Bedingtheiten deuten. –

Für das Werk EXUPÉRYS bedeutet dies, dass man seine »Botschaft« sehr wohl in ihrer geistigen Weitsicht und menschlichen Tiefe positiv verstehen und würdigen kann, ohne doch der Frage enthoben zu sein, was ihn in gewissem Sinne daran hinderte, seiner eigenen Vision genügend Vertrauen zu schenken und das von ihm so leidenschaftlich verteidigte religiöse Erbe anders denn dichterisch (metaphorisch) zu rezipieren.

Jedem Leser des »Kleinen Prinzen« muss auffallen, dass bei allem Sprechen von Liebe und Treue auf eigentümliche Weise wirkliche Gefühle einer warmen Zuneigung nur in dem Verhältnis zwischen dem »Flieger« und dem »Kleinen Prinzen« geschildert werden – eine fast »griechische« Form gleichgeschlechtlicher »Knabenliebe«, in der die Rolle des Kindgottes Eros[123], das Prinzip einer unendlichen Sehnsucht, sich in dem »Kleinen Prinzen« verdichtet. Von der Liebe zu einer Frau hingegen ist in dem Werk EXUPÉRYS mit keinem Wort die Rede, außer in der ebenso verhüllenden wie offenbarenden Symbolik der »Rose«[124]. Man wird aus diesem Tatbestand allein bereits den Schluss ziehen müssen, dass EXUPÉRYS eigentliche und wahre Liebe in der Tat von Kindertagen an unverändert seiner »Rose« galt, ja dass er in der Rolle eines »treuen«, von der »Erwachsenenwelt« nicht verdorbenen »Kindes« sich selbst am meisten achten und lieben konnte, während er zugleich voller Scham zögerte, die Bindung an seine Mutter sich selbst und anderen im ganzen Umfang einzugestehen.

EXUPÉRYS Märchen verrät aber noch mehr. Der »Kleine Prinz«, der einzig seine »Rose« liebt, betritt die Welt als ein von der »Rose« Vertriebener, als ein Flüchtling vor ihren Ansprüchen, und eben dieser Gegensatz scheint charakteristisch für Exupéry zu sein. Denn nicht nur *die Bindung* an seine Mutter mit ihren hohen »konservativen« Werten, sondern gleichermaßen *die Angst* vor der mütterlichen Schlangenumklammerung kennzeichnet das Denken und Fühlen Exupérys, und erst von diesem Hintergrund her versteht man die *prinzipielle* Unabgeschlossenheit und die geistige Ruhelosigkeit seines Schaffens, sein Postulat der Selbsttranszendenz des Strebens, der Hingabe und des Opfers sowie seine besonders gegen Ende des Lebens sich immer tiefer ausbreitende Todessehnsucht – eine mystische Verschmelzung mit der im Leben unerreichbaren und doch geheimnisvoll verlockenden Welt der Mutter, eine buchstäblich »utopische« Lösung aller Probleme durch die Rückkehr des »Kleinen Prinzen« zu dem Planeten der »Rose«. Um diese Zusammenhänge zu verdeutlichen, ist es allerdings unerlässlich, das Märchen vom »Kleinen Prinzen« stärker vom Gesamtwerk und der Biographie Exupérys her zu betrachten, in denen die Flucht vor der Mutter das untergründig zentrale Motiv darstellt.

Exupéry ist in die Geschichte eingegangen als der Dichter der Fliegerei, und das mit Recht. Das Fliegen war für ihn kein befristeter Beruf, kein Job, sondern ein Bedürfnis, das sein ganzes Leben ergriff und prägte. Es war die Fliegerei, die ihn aus seinen schlimmsten Depressionen rettete[125]; überaus kam sie seinem Verlangen nach Engagement, nach einer wirklichen Tat entgegen; sie schenkte ihm, den so sehr ersehnten Kontakt zu Kameraden, die, vermeintlich wie er, durch den Dienst an einer gemeinsamen Aufgabe miteinander »verknüpft waren[126]; Fliegen – das bedeutete für Exupéry in allen Beziehungen die männliche Gegenwelt der Mutter. Der »Kleine Prinz« in ihm, der sehr in der Gefahr gestanden hätte, aus hundert Schuldgefühlen und Anhänglichkeiten ein ewiges Muttersöhnchen zu bleiben, bemühte sich sein Leben lang verzweifelt, als »Flieger« seine Unabhängigkeit und Männlichkeit zu demonstrieren.

Der Kampf gegen die mütterliche Verwöhnung, die Suche nach männlicher Selbstbestätigung, die Sehnsucht nach kameradschaftlicher Gemeinsamkeit, das Verlangen nach betont harten, fordernden, »wirklichen« Aufgaben erreichten dabei oft ein Niveau, das unzweifelhaft masochistisch geprägt ist. So gesteht Exupéry in einem seiner »Kriegsbriefe«: »Ich habe vor allem nach dem verlangt, wonach ich kein Verlangen hatte. Nach dem Dreck, dem Regen. Nach den Rheumaanfällen im Bauernhof. Nach den unausgefüllten Abenden. Nach der Melancholie, die mit all dieser Unruhe in zehntausend Meter Höhe verbunden ist. Auch nach der Angst. Das versteht sich. Nach all dem, was den Menschen abgefordert wird. Und das geschah, um Mensch mit Menschen zu sein und um aufzuleben mit meinesgleichen, denn wenn ich mich von ihnen trenne, bin ich zu nichts mehr nütze. Ich bin so voller Verachtung für die Zuschauer: für die Leute, die bei allem, was sie tun, keinen Einsatz wagen.«[127]

Deutlicher lässt sich der Wunsch nicht aussprechen, endlich dem Getto eines verwöhnten Außenseitertums zu entrinnen und einfach als Gleicher unter Gleichen dabei sein zu können. Die »Menschen« – das sind diejenigen, die nicht in der Kunstwelt hohlen Genusses und leerer Geistreichelei dahinvegetieren, sondern denen »das Leben« »Taten« und »Opfer« abverlangt. Wie selbstverständlich identifiziert Exupéry dabei den Bereich des »Wirklichen« und »Menschlichen« mit dem Anstrengenden, Opfervollen, und diese Gleichung verdankt ihre Evidenz offensichtlich der erlebnismäßigen Einheit mütterlicher Verweichlichung, drohender Unmännlichkeit und latenten Selbsthasses. Das »einfache«, beschauliche, »theoretische« Leben, unter anderen Umständen eher ein erstrebens- und empfehlenswertes Ideal, wird von Exupéry wie eine drohende Fäulnis verachtet und zurückgewiesen. Um so mehr verlangt ihn nach einem Ersatz für die zwiespältige Liebe der Mutter, und er sucht ihn unter den »Kameraden«, einer Männergruppe, die, statt durch die erstickenden Arme der Mutter, von einer gemeinsamen Aufgabe zusammengehalten wird.

Biographisch weiß man, dass Exupérys Sehnsucht nach »Freunden« und »Kameraden« in Wahrheit ein unerfülltes und wohl auch unerfüllbares Desiderat blieb, das weit eher den Bedürfnissen seiner Flucht vor der »Rose« als tatsächlichen Erfahrungen menschlicher Nähe und Verbundenheit entsprang. Doch wie alle, deren Intelligenz und Sensibilität aufgrund bestimmter kindlicher Erlebnisse mit der Mutter unauflöslich zu einer unbewussten Angst vor der Frau verformt wurde[128], fühlte Exupéry die eigene Empfindsamkeit, Reflektiertheit und Schöngeistigkeit wie eine Versuchung, wie eine unheimliche Umklammerung, und er spannte alle Kräfte an, der Welt der Mutter durch möglichst gegenläufige »männliche« Idealbildungen zu entkommen; in diesem Streben findet er seine wahren Freunde. Auf ähnliche Weise wie er suchte ein Jahrhundert vor ihm etwa FRIEDRICH NIETZSCHE, zu dem EXUPÉRY eine tiefe Zuneigung fasste, dem »Matriarchat« seiner Kindertage durch die Flucht in die Phantasie des »Übermenschen«, in die Philosophie der großen »Tat«, zu entkommen[129]; und noch in den Tagen EXUPÉRYS selbst war JEAN PAUL SARTRE bestrebt, dem mütterlichen Gefängnis durch das Postulat absoluter Freiheit zu entrinnen, indem er die menschliche Existenz als »nutzlose Begierde« bestimmte, ein gottgleiches An-und-für-sich-Sein aus sich hervorzubringen[130]. Vor allem SARTRES Hass auf die »Bourgeoisie«, sein vergebliches Bemühen, zu den »Proletariern« zu gehören, sein hilfloses Umwerben z. B. der Renault-Arbeiter[131], sein ständiges Ungenügen an sich selber verrät in Motivation, Methode und Zielsetzung eine außerordentliche Ähnlichkeit zu der vergeblichen Suche EXUPÉRYS nach »Kameraden« und »wirklichen« Menschen.

In EXUPÉRYS Leben artikulierte sich die lebenslängliche Flucht vor der Mutter indessen in einer weit weniger »revolutionären« Weise als etwa bei NIETZSCHE oder SARTRE. Die Angst- und Schuldgefühle gegenüber der Mutter erstickten in ihm jeden Willen zum Aufbegehren, und zudem hinderte ihn die uneingeschränkte Verehrung und Hochachtung der Mutter daran, auch nur entfernt ihre Person und die von ihr vertretenen Ideale und Werte in Frage zu stellen. Um so mehr drängte in ihm der Konflikt zwischen den sehnsuchtsvollen regressiven Tendenzen und den angstbesetzten nach vorne gerichteten Strebungen zu einem symbolisch vermittelnden Ausdruck, und EXUPÉRY fand ihn in dem leidenschaftlichen Bedürfnis zu »fliegen«. Die Biographen sind sich einig, dass der Wunsch EXUPÉRYS zu fliegen, ein suchtartiges Gepräge annehmen konnte, das sich oft genug weigerte, die Grenzen und Gesetze der Aerodynamik anzuerkennen, und das ganz deutlich einen überwertigen Charakter besaß[132]. Vieles spricht dafür, dass diese »Überwertigkeit« des Fliegens bei EXUPÉRY in dem Symbol des Flugtraums selbst begründet liegt[133]: in der Verlockung der »Mutter Erde« und ihrer »Schwerkraft« auf phantastische Weise zu entkommen, in der Vorstellung einer grenzenlosen Unabhängigkeit und Freiheit von allen Fesseln und Einengungen, in dem Gefühl einer turmhohen Überlegenheit und gottähnlichen Allmacht, in dem Rausch von Abenteuer, Mannesmut und Bewährung, in dem mystischen Gefühl einer Verschmelzung mit dem All, in der Hoffnung auf eine große, sinngebende Tat.

Es bedeutet als kritischer Einwand gegen EXUPÉRYS Neigung zum Fliegen wenig, wenn man daran erinnern wollte, dass eine Erhebung im Raum an sich noch nichts mit Seelengröße und menschlicher Reife zu tun hat; – das »Fliegen« ist in sich selbst ein archetypisches Symbol, ein menschheitlicher Traum, in dem all die Sehnsüchte leben, die sich mit dem *Geist*, mit der Erhebung des Menschen über die Natur verbinden. So sprechen die Mythen der mittelamerikanischen INDIOS von der Gefiederten Schlange, in welcher der Geist den Stoff überwindet und das Irdische unter der Kraft des Windgottes sich aufhebt zum Himmel[134], so erzählen die Märchen und Sagen der Völker immer wieder davon, wie sich ein Mensch in einen Vogel verwandelt, um bestimmten Formen der Abhängigkeit zu entkommen[135], und stets verdichtet sich in dem Symbol des göttlichen Vogels oder des Vogelmenschen der Anspruch auf Freiheit, Intellekt und Macht – die typischen Gegendesiderate faktischer Abhängigkeit, gefühlsmäßiger Verstrickung und starker Selbstwertzweifel. Das ist die psychische Welt des »Fliegers« Exupéry.

Und doch entrinnt Exupéry auch im »Flugzeug« der mütterlichen »Erdenschlange« nicht. Jedes Symbol bestätigt, was es verneint, und es bedeutet zugleich, was es verleugnet. Das »Flugzeug« selbst ist ein Muttersymbol, und dass Exupéry selbst sich über die mütterlichen Erlebnisqualitäten des »Fliegens« durchaus im klaren war, zeigt eine Stelle aus dem »Flug nach Arras«, wo er sich selbst in der Kanzel des Flugzeuges wie ein kleines Kind am (oder im) Leib seiner Mutter empfindet: »Dieses ganze Gewirr von Röhren und Kabeln ist zu einem Kreislaufsystem geworden. Ich bin ein Organismus, der sich zu einem Flugzeug ausgeweitet hat. Das Flugzeug schafft mir mein Wohlbefinden, wenn ich einen bestimmten Knopf drehe, der nach und nach meine Kleidung und meinen Sauerstoff aufwärmt … Das Flugzeug nährt mich also. Es schien mir unmenschlich vor dem Flug, und Jetzt, da ich an seiner Brust liege, empfinde ich für das Flugzeug eine Art kindlicher Zärtlichkeit. Eine Art säuglingshafter Zärtlichkeit.«[136]

Noch einen Schritt weiter geht Exupéry, wenn er die Nahrungsaufnahme im Cockpit seiner Maschine en détail mit der Ernährungsweise eines Säuglings vergleicht: »Man zwickt lediglich von Zeit zu Zeit mit den Fingerspitzen einen kleinen Gummischlauch, der in die Maske führt, um deutlich zu spüren, dass er immer noch prall ist. Dass noch Milch im Schnuller ist. Und dann saugt man artig daran.«[137]

So sehr auch Exupéry seiner Mutter zu »entfliegen« versucht, so sehr bleibt der doch innerlich an sie gebunden, und dieser Konflikt von Bindung und Lösung, von Abhängigkeit und Freiheit, von Geborgenheit und Aufbruch bildet tiefenpsychologisch den latenten Hintergrund seines gesamten Denkens, das man als einen einzigen geistigen »Höhenflug« auf der Flucht vor der »Mutter« und zurück zur Mutter bezeichnen kann, indem hier, wie bei F. Nietzsche wie bei J. P. Sartre – nur weniger konsequent –, die *Tat* an die Stelle des Glücks, der Weg an die Stelle des Ziels, die Aktion an die Stelle des Seins, der Wille an die Stelle der Vernunft gesetzt wird[138].

Bei der bloßen Lektüre des »Kleinen Prinzen« wird den meisten Lesern verborgen bleiben, wieviel an reflektierter »Philosophie« Exupéry in die Lehren des »Fuchses« und des »Kleinen Prinzen« verpackt hat. Tatsächlich muss man die einschlägigen Passagen auf dem Hintergrund vor allem der »Citadelle« wie unter einem Vergrößerungsglas lesen, um den Ernst und die Radikalität zu begreifen, mit der Exupéry sich den Kampf, die Anstrengung, das ständige Ringen, die permanente Transzendierung seiner selbst wie eine heilige Pflicht in Reaktion auf die eigenen regressiven Tendenzen abverlangt. So, wenn er den Herrscher der »Citadelle« sagen lässt:

»Und der große Kampf gegen die Dinge: die Stunde ist gekommen, dir von deinem großen Irrtum zu reden ... ich habe jene unglücklich, sauertöpfisch und uneins gesehen, die inmitten von allem Überfluss zwar Diamanten empfingen, aber nichts weiter als nutzloses Glaszeug feilzubieten hatten. Denn du bedarfst nicht eines Dinges, sondern eines Gottes ... Denn das Ding hat nur den Sinn, dich wachsen zu lassen, und du wächst nur dadurch, dass du es eroberst, nicht aber durch seinen Besitz.« »Der ist reicher, der sich das Jahr über am Felsgestein abmüht und einmal im Jahr die Frucht seiner Arbeit verbrennt, um daraus den Glanz des Lichtes zu gewinnen, als der, der alle Tage Früchte empfängt, die anderswoher stammen und ihm nichts abforderten.«[139]

Man spürt deutlich, wie sehr Exupéry im Grund gegen die eigene Verwöhnung, gegen die muttersöhnchenhafte Verwöhntheit mit allen Mitteln des Willens und der Energie einer tödlichen Selbstverachtung anzukämpfen sucht.

Alle Ding erscheinen ihm entwertet, wenn sie mütterlich-gratis geben werden, und das »Konsumglück«, das er als das Hauptübel seiner Zeit bekämpft, die Zerstörung aller Werte durch die »Antidurstpillenverkäufer«[140], würden nur schwerlich diesen geharnischten Zorn Exupérys auf sich lenken, fände sich in ihnen nicht eine Gefahr wieder, die er selbst zutiefst in sich gespürt hat: dass ihm alles, was ihm in der erstickenden »Güte« seiner Mutter gegeben wird, im Grunde fortgenommen weil entwertet, inflationiert und seines Sinnes beraubt wird. Erst was mit dem eigenen Durst ersehnt, mit der eigenen Leidenschaft gewünscht, mit der eigenen Anstrengung erobert, mit der eigenen Arbeit hervorgebracht wird, erhält für Exupéry eine Bedeutung, besitzt eine Größe und schenkt eine Bereicherung. Diese sonderbare Lehre Exupérys ist nur evident, wenn man sich den Erfahrungsraum erstickender Fürsorglichkeit und mütterlicher Angstliebe im Hintergrund hinzudenkt; sie beherrscht Exupérys Denken freilich so sehr, dass er apodiktisch verallgemeinern kann:

»… der Sinn der Dinge liegt nicht im schon angesammelten Vorrat, den die Sesshaften verzehren, sondern in der Glut der Verwandlung, des Voranschreitens oder der Sehnsucht.«[141]

Der Antrieb zu einer solchen Absolutsetzung seiner an sich gewiss mehr als berechtigten Kritik an den nur »Genießenden«, den in der Bequemlichkeit des Konsums Verfaulenden, scheint weit weniger in den Erfahrungen des heraufziehenden Massenzeitalters zu liegen als in den Eindrücken Exupérys von der allen gewährenden und dadurch allen verzehrenden Liebe seiner Mutter. Erst in Reaktion darauf nimmt er seine Zuflucht zu dem Ideal des fehlenden Vaters, der Welt der männlichen »Forderung«[142]. Die Liebe selber erscheint Exupéry als Gefahr, wenn und weil sie auf ein bloßes In-Besitz-Nehmen hinausläuft, und es mischen sich erneut die Obertöne einer nur allzu begründeten Kritik an den Formen der bürgerlichen Ehe mit den schrillen Untertönen ödipaler Angst vor der Versklavung einer Liebe, die von sadistischen Inhalten nicht freizusprechen ist, wenn Exupéry seinen Herrscher über die »Citadelle« des weiteren sagen lässt:

»Eure Liebe hat Hass als Grundlage, denn ihr verweilt bei dem Manne oder der Frau, aus denen ihr euren Vorrat schöpft; und wie die Hunde, die ihren Tag umkreisen, beginnt ihr jeden zu hassen, der auf euer Mahl schielt. Diese Selbstsucht nennt ihr dann Liebe. Kaum wird euch die Liebe gewährt, so verwandelt ihr auch dieses freie Geschenk wie bei euren unechten Freundschaften in Knechtschaft und Versklavung; von dem Augenblick an, da man euch liebt, beginnt ihr euch daher gekränkt zu zeigen. Und ihr quält den anderen durch diesen Anblick eurer Leiden, um besser knechten zu können. Und freilich leidet ihr. Doch gerade dieses Leiden missfällt mir. Weshalb sollte ich euch darin bewundern?«[143]

Beim Wort genommen, reflektiert sich in dieser Einstellung die schiere Angst, etwas »empfangen« zu müssen oder geschenkt zu bekommen – eine ausgesprochene Furcht vor der eigenen Bedürftigkeit. Und hier liegt der Punkt, wo das Richtige in den Einsichten Exupérys durch angstbedingte

Übertreibungen und Verallgemeinerungen an Menschlichkeit einbüßt. So wahr es ist, dass eine »Liebe« nur Unglück schaffen kann, die den anderen bedingungslos in »Anspruch« nimmt und wie eine »Mahlzeit« hinunterschlingt, so lässt sich doch nicht leugnen, dass die Liebe auch darin besteht, den anderen aufgrund der eigenen Begrenztheit und Unvollkommenheit zur Ergänzung unbedingt brauchen zu müssen wie das tägliche Brot. Exupéry hingegen weigerte sich prinzipiell anzuerkennen, dass Liebe etwas zu tun haben könnte gerade mit Abhängigkeit, Gebundensein und einander Nötighaben; an jeder Stelle, wenn es um diese wechselseitige Bedürftigkeit der Liebe ging, drängte sich ihm das Zerrbild eines primitiven Egoismus, eines bloßen Anspruchdenkens, einer parasitären Faulheit auf, und es scheint, als seien hier ebenso kindliche Schuldgefühle am Werke, die Mutter wirklich einmal für die eigenen Interessen zu »benutzen«, wie gleichermaßen schwere Ängste vor dem »fäulnisgeschwängerten« Unwesen eines bloßen Umhegt- und Gepflegtwerdens.

Selbst das christliche Ideal der Nächstenliebe und der Vergebung erschien Exupéry ebenso wie F. Nietzsche vor diesem Angsthintergrund als gefährlich, weil verweichlichend und dekadent:

»Ihr sollt nicht so sehr die Vergebung und die Nächstenliebe lehren. Denn sie könnten falsch verstanden werden und nur noch Achtung vor der Schmach oder dem Geschwür bedeuten. Ihr sollt aber die wunderbare Zusammenarbeit aller lehren, die sich an allen durch alle und durch jeden einzelnen vollzieht.«[144]

Indem Exupéry derart einseitig das Geben gegen das Nehmen, das Schenken gegen das Empfangen setzt, gerät er unvermeidlich in die Gefahr, die Liebe am Ende selbst zum bloßen Zielbegriff, zur bloßen Utopie zu entwerten. Für den Liebenden ist die Geliebte wie die Luft, die er atmet, wie das Meer, das ihn trägt, wie das Licht, das ihn wärmt, und wer die Bedürftigkeit der Liebe leugnet, zerstört ihren Kreislauf, der in einem ständigen Austausch von Suchen und Finden, von Hoffnung und Erfüllung, von Hingabe und Aufgabe besteht. Die Liebe lebt von der inneren Verwiesenheit aufeinander, die der Geliebten bedarf, um zur Vollendung des eigenen Wesens zu gelangen. Exupéry hingegen, aus Angst vor der Übersättigung einer bestimmten Art erstickender Liebe, betont so sehr die Aufopferung und den Einsatz für das Glück des anderen, dass er einem nahezu autarken Sich-Verschenken, einem sonnengleichen Sich-Verströmen nach allen Seiten gleichkommt. Die einseitig aktionistische Akzentuierung aller menschlichen Beziehungen geht am Ende so weit, dass Exupéry allen Ernstes den Herrscher der »Citadelle« verkünden lassen kann: »Ich sagte dir schon, die Sehnsucht nach Liebe ist Liebe.«[145]

Für jemanden, der mit dieser Denkweise zu leben versucht, bedeutet eine solche Maxime nicht mehr und nicht weniger, als die Erfahrung des Glücks der Liebe durch die Forderung einer ständigen Anspannung zu ersetzen. Gewiss, der »Fuchs« im »Kleinen Prinzen« hatte nicht unrecht: »Die Zeit, die du für deine Rose verloren hast, sie macht deine Rose so wichtig.«[146] Aber Exupérys Standpunkt verwechselt in seiner dezidierten Radikalität offenbar die Ursache mit der Wirkung: der Wert der Rose hängt nicht ab von der Summe der Mühen und Opfer, die man für sie aufgewandt hat – umgekehrt: es erscheint solange kein Opfer und keine Mühe zu hoch, als man einen Menschen wirklich liebhat. Wohl: man lernt seinen Wert erst wirklich kennen durch die Liebe, aber um ihn wirklich zu lieben, muss man seinen absoluten Wert »mit dem Herzen sehen« und fühlen. Zu den 5000 Rosen auf dem Feld kann der »Kleine Prinz« mit Recht sagen: »Ihr seid schön, aber ihr seid leer.«[147] Übertragen auf die Liebe zu Menschen jedoch wird die Metaphorik dieser Rede falsch. Bezogen auf Menschen ist es beleidigend, zwischen außen und innen, zwischen Schönheit und Geist, zwischen »Anmut und Würde«[148] zu trennen, und es ist gefährlich nahe an der Grenze zur Verachtung, oder, was auf dasselbe hinausläuft, an der Grenze zur bloßen Überkompensation gewisser Impotenzphantasien, wenn man sich in die Rolle eines Mannes zwingt oder drängt, der durch die Anstrengungen seiner Liebe die Frau wie ein leeres Gefäß mit Wert und Inhalt allererst erfüllen könnte und müsste. Das Entscheidende an der Liebe besteht nicht darin, den anderen durch das Quantum der eigenen Mühen mit Bedeutung anzureichern, es zeigt sich vielmehr in der Kunst, den absoluten Wert des anderen zu erspüren und entfalten zu helfen. Erst so entsteht das paradiesische Gefühl der Dankbarkeit dafür, dass es den anderen gibt; nicht man selbst muss dem anderen Inhalt und Sinn verleihen, sondern die ganze Welt gewinnt ihr Zentrum, ihr magnetisches Kraftfeld, ihre sinnstiftende

Perspektive durch die Schönheit, den Zauber und die unendliche Weite der Geliebten. Selbst die Kunst des »Zähmens« müsste in bloßer Monotonie verenden, wäre nicht die Seele der Geliebten selber wie ein Meer, das bei jeder Flut von neuem die seltensten Muscheln an den Strand wirft und dessen Wogen erzählen von überaus kostbaren Perlen und nie geschauten Korallen in den unerforschlichen Tiefen der See. Die Entdeckung eines unendlichen Geheimnisses, die Erweiterung der Seele zu einem ozeanischen Gefühl der Einheit und der Ewigkeit stellen allein die wahre Form der Sehnsucht in der Liebe dar, und sie sind offenbar das Gegenteil der melancholischen Utopie Exupérys.

Für Exupéry musste sich das Problem der Liebe, definiert als Bemühung, Ausdauer und Verantwortung, im Grunde von den Enttäuschungen an der menschlichen Unzulänglichkeit auf die Erfahrung aller Dinge ausdehnen. Nichts, kein Gebilde im Raum, kein Zeremoniell in der Zeit, besitzt in der Sicht Exupérys einen vorgegebenen Wert und Inhalt; um so mehr verlangt ihn danach, dem leblosen »Material« durch einen asketischen Voluntarismus den Stempel von Sinn und Wert aufzupressen. Die Freiheit der Sinnfindung in der Liebe musste sich damit zu dem Zwang einer Sinnkonstituierung in Aktion und Opfer verformen[149]. So, wenn der »Qaid« erklärt: »Und mein Zwang ist da, um dir zu helfen. Und ich zwinge meine Priester zum Opfer, selbst wenn ihre Opfer keinen Sinn mehr haben (sic!). Ich zwinge meine Bildhauer zum Bildhauen, selbst wenn sie an sich selber zweifeln. Ich zwinge meine Schildwachen, ihre hundert Schritte zu gehen, indem ich sie mit dem Tode bedrohe, sonst töten sie sich selbst und sind schon durch sich selber vom Reiche abgeschnitten. Ich rette sie durch meine Strenge.«[150]

Exupéry, der in seinem ganzen Denken und Fühlen mit seiner Menschlichkeit und unnachahmlichen Noblesse von den Greueltaten des Faschismus ansonsten vollkommen ferngerückt erscheint, gelangt mit einer solchen »Philosophie« voluntaristischer Dezision, mit einer solchen Gewalttätigkeit prometheischen Zwanges auf eine höchst bedenkliche Weise, nolens volens, geradewegs in die Gefahr einer faschismusnahen Ideologie. Denn es ist gerade die tragische Aura von Einsatz und Scheitern, es ist die Parole Nietzsches: »Trachte ich denn nach Glücke? Ich trachte nach meinem Werke!«[151], es ist dieses Pathos eines angeblich sinnschaffenden und wertstiftenden Aktionismus und Voluntarismus, wodurch am Ende wirklich alle Dinge, alle Menschen, ein jeder Einzelne zum bloßen Rohstoff, zum Baumaterial zyklopischer Mauerwerker entwertet wird.

Im »Nachtflug«, der bereits die ganze Ambivalenz des Exupéryschen Denkens artikuliert, ist Rivière etwa sich durchaus bewusst, dass die ehrgeizige Eröffnung der Patagonienlinie für den Postflugverkehr erhebliche Opfer an Menschenleben verlangen kann, die mit dem Interesse und dem Recht der Frauen und Kinder auf ihre Männer und Väter absolut kollidieren[152]. Aber was nutzt diese abstrakte Anerkennung der Rechte von »Frauen« und »Kindern«, wenn ihnen die »Ansprüche« der »Männer« und »Erwachsenen« unvermittelt entgegengesetzt werden? Es mag echte tragische Konflikte geben, in denen man aus Verantwortung Dinge tun muss, die man nie und nimmer verantworten kann – für die man nur noch um Vergebung zu bitten vermag[153]. Aber Tragödien dieser Art ergeben sich aus einer Dialektik des Sittlichen selbst, nicht, wie bei EXUPÉRY aus einem metaphysizierten Dualismus der Geschlechter, es sei denn, man wollte die Ambivalenz selbst »tragisch« nennen, mit der EXUPÉRY bei seinem Bestreben nach Männlichkeit und Menschlichkeit sich immer wieder in Widersprüche der Angst verwickelt. Erst wenn »Männlichkeit« nur als fluchtartiger Antagonismus zu der vermeintlich »bewahrenden«, »beschützenden«, »undynamischen« Haltung des »Weiblichen« empfunden wird, mag es als »männlicher Protest« verständlich werden, dass die Aufgabe des Mannes darin gesehen wird, sich durch die gegenläufigen Haltungen von Aufbruch, Kampf und Aktion selber hervorzubringen. Am Ende geht es im »Nachtflug« nicht einmal mehr zum die Ziele, für deren Verwirklichung Menschen »geopfert« werden:

»Sieg ... Niederlage ... diese Worte haben keinen Sinn. Begriffe, Bilder, unter denen das wahre Leben sich regt und schon wieder neue Bilder schafft. Ein Sieg schwächt ein Volk, eine Niederlage erweckt es neu. Die Niederlage, die Rivière erlitten hat, ist vielleicht eine Lehre, die den vollen Sieg näher bringt. Das Geschehen en marche allein gilt.«[154]

Mit einem solchen Dynamismus der Geschichte lässt sich buchstäblich alles rechtfertigen, die Mystik der Nationalsozialisten inbegriffen. Wenn die Bewegung der Geschichte ihre Menschenopfer *braucht*, um sich im Auf und

Ab von Sieg und Niederlage selber herzustellen, ist eine Geschichtsideologie nicht mehr vermeidbar, wie sie die mittelamerikanischen AZTEKEN am eindrucksvollsten unter allen Völkern zur Begründung ihrer blutigen Rituale pflegten: das Erdzeitalter »4-Bewegung«, hervorgebracht aus den Widersprüchen von Erde und Luft, Feuer und Wasser – diesen Ursymbolen mannweiblicher Gegensätze –, erhält seine vorwärts rollende Dynamik nur durch die Menschen, deren Fleisch den Göttern zur Kraftnahrung dient[155]. Jede Art von Barbarei ist möglich, ja notwendig, wenn ein solcher Rückfall in die Mythologie der Geschichte akzeptiert wird. In Wahrheit rechtfertigt die Mystik von »Blut« und »Opfer« nichts, und die Götter werden nicht anbetungswürdiger, sondern nur abscheulicher durch die Hekatomben, die sie zu ihrem Selbsterhalt benötigen. Aber um die Welt der Mystifikationen zu verlassen, müsste vor allem das Erleben der Liebe, das Geheimnis der Frau, von seinen ängstigenden Obsessionen befreit werden, ohne dabei an Faszination und Verzauberung einzubüßen. Und so lautet die entscheidende Frage, wie es möglich ist, bis in den Hintergrund der Welt hinein das »Weibliche« und »Mütterliche« als Ort einer nicht-verschlingenden Geborgenheit, als Stätte ewigen Lebens zu begreifen. Es ist im letzten die Frage, an welchen Gott, an welches *Gottesbild* man glaubt.

Anders als Nietzsche, anders als Sartre, die offen dem christlichen Glauben an dem Gottmenschen widersprachen, um das Bild des Übermenschen des Menschgottes dagegen zu setzen, greift Exupéry geradezu schüchtern und pietätvoll die überkommene Vokabel »Gott« in seinem Werk auf, um sie, unter Wahrung all dessen, was ihm an der überlieferten Religion ebenso hohl wie heilig schien, mit einem ganz anderen, oft völlig konträren Inhalt zu füllen, der dem Atheismus Nietzsches und Sartres weit näher steht als dem Gottesbild der Bibel, und auch diese Neukonzeption des Gottesbildes lebt im Grunde von der Angst vor dem Erstickungstod in den Armen eines »mütterlichen« Gottes.

Wenn Exupéry von »Gott« spricht, so zumeist im Sinne eines Prinzips menschlicher Selbstranszendenz, einer Steigerung über sich hinaus, einer Verleugnung menschlicher Beruhigung – ein Unruheherd im Inneren und ein Gipfelkreuz draußen, jenseits der zu besteigenden Berge. Mit Heftigkeit wehrt er sich dagegen, menschliche Vorstellungen, und seien es auch die Vorstellungen der Bibel, die Gott als »Person«, als »Güte«, als »Vater« schildern, mit diesem absoluten Jenseits des Menschen in Verbindung zu bringen, und zu Recht ist er der Ansicht, dass die Gründe des modernen Atheismus u. a. in der Vermenschlichung des Gottesbegriffs (Nietzsche hätte gesagt: in der Philosophie der »Schafsnaturen«[156]) zu suchen sind. Doch dieser Protest gegen die falschen Beruhigungen des christlichen Gottesbildes bringt Exupéry dazu, den Hoffnungen des Christentums insgesamt zu entsagen. »Denn«, lässt er seinen

»Qaid« sagen, »dann pflegst du zu wünschen, wenn du an Gott zweifelst, er solle sich dir wie ein Spaziergänger zeigen, der dir einen Besuch abstattet, und wem würdest du dann begegnen? Doch nur einem dir Gleichgestellten, der dich nirgendwohin führt und dich so in deine Einsamkeit einschließt. Denn du wünschst ja nicht die Offenbarung der göttlichen Majestät, sondern ein Schauspiel und Jahrmarktsfest und würdest so nur ein gewöhnliches Jahrmarktsvergnügen und eine Enttäuschung erleben, die all ihre Stacheln gegen Gott richtete. Und wie könntest du durch soviel Gewöhnlichkeit einen Beweis führen? Da du doch wünschst, etwas solle zu dir herabsteigen, dich, so wie du bist, auf deiner Stufe besuchen und sich ohne Grund vor dir demütigen, und so wirst du niemals erhört werden, wie es mir bei meiner Suche nach Gott erging. Hingegen öffnen sich die geistigen Reiche und blenden dich die Erscheinungen, die nicht für den Verstand, sondern für Herz und Geist bestimmt sind, wenn du dich bemühst aufzusteigen und jene Stufe erreichst, wo sich nicht mehr die Dinge befinden, sondern die göttlichen Knoten, die die Dinge verknüpfen.«[157]

Krasser als mit diesen Worten kann man der christlichen Vorstellung von der »Offenbarung« Gottes an den Menschen oder von der »Inkarnation« Gottes im Menschen an sich nicht widersprechen. Es gibt für Exupéry keinen Gott, der zum Menschen kommt, um sich der menschlichen Not inmitten einer Welt voller Angst und Hilflosigkeit zu erbarmen; es gibt nur die Möglichkeit, dass der Mensch zu »Gott« aufsteigt. In der Sprache des »Qaid«: »Wenn ich dich … Gott lehren möchte, werde ich dich zunächst bergsteigen lassen, damit du den Berggrat unter den Sternen in seinem ganzen Zauber kennenlernst. Ich werde dich in der Wüste verdursten lassen, damit dich Brunnen entzücken. Dann werde ich dich sechs Monate in einen Steinbruch schicken, damit dich die Mittagssonne verzehrt. Hernach werde ich dir sagen: Der Mann, den die Mittagssonne ausdörrte, möge im Schweigen der göttlichen Brunnen seinen Durst löschen, wenn das Geheimnis der Nacht herannaht und er den Berggrat unter den Sternen erstiegen hat. Und so wirst du an Gott glauben.«[158]

»Gott« – oder der Glaube an »Gott« – ergibt sich für Exupéry nur aus der Erfahrung dessen, was der Mensch sich selber abverlangt, und da alle Dinge erst ihren Wert enthüllen durch den Einsatz und das Opfer des Menschen, so kann auch »Gott« nichts anderes sein als der Inbegriff der Wirklichkeit, die der Mensch findet, wenn er sich selbst verleugnet. Dieser »Gott« antwortet auf keine einzige der menschlichen Fragen, – er ist nur ein Prinzip, jede menschliche Selbstberuhigung und Selbstzufriedenheit in Frage zu stellen. In gewissem Sinne ist dieser Gott wie die Kaaba in Mekka, freilich ohne einen Engel Gabriel und seine Botschaften an den Propheten Mohammed: er ist ein schwarzer Stein, der nichts wäre ohne die Berührung der Hände, ohne den Schweiß der Stirnen, ohne die Gebete der Pilger, die die Wüste durchquert haben, – kein Ort, wo sich etwas finden ließe, sondern nur eine Stätte, da man entdecken kann, dass die Pilgerschaft, das Übersteigen der eigenen Grenzen, in sich selber ohne Grenzen ist.[159] Denn bei Licht besehen gilt dieser »Überstieg«, diese »Wanderschaft«, nicht einem Ziel, das man erreichen könnte, sondern die ruhelose Transzendenz EXUPÉRYS ist – wie bei J. P. SARTRE – im Grunde lediglich eine Flucht vor dem Gefühl der eigenen Nichtigkeit, ein Weg mithin in die totale Isolation gegenüber »Gott« genauso wie gegenüber allen Menschen. »Eisig, o Herr, ist zuweilen meine Einsamkeit«, gesteht denn auch der »Qaid« in der »Citadelle«. »Und ich begehre nach einem Zeichen in der Wüste meiner Verlassenheit. Doch im Laufe eines Traumes hast Du mich belehrt. Ich habe begriffen, dass jedes Zeichen eitel ist, denn gehörtest Du meiner Stufe an, so zwängest Du mich nicht zum Wachsen. Und was vermag ich anzufangen mit mir, o Herr, so wie ich bin?«[160]

Diese Scham vor der eigenen »Kleinheit«, dieses ständige Ungenügen an sich selber, diese Angst vor der eigenen »Unmännlichkeit«, dieser »Kastrationskomplex« in der Sprache FREUDS hüllt sich bei EXUPÉRY freilich in das Gewand einer quasi religiösen Sprache, die an nichts glaubt, um alles erschaffen zu können, und die an nichts Gefundenem sich beruhigen will, um ihre Größe allein im »Aufstieg« zu finden. Und doch würde man EXUPÉRY missverstehen, wenn man nicht zugleich in all diesen äußerst zugespitzten, oft nur als Antithesen zu begreifenden Äußerungen das Gegenteil auch sehen würde. Derselbe Mann, der aus Angst und Selbstverachtung die Annahme eines »mütterlichen« Hintergrundes der Welt immer wieder mit eherner Konsequenz zu verwerfen suchte, war gleichwohl wie verzaubert von der sehnsüchtigen Erinnerung an die

Welt seiner Mutter; Exupéry litt zutiefst unter der Zerstörung der tradierten Wertvorstellungen seiner Kindheit, und sein Grundstreben war durch und durch konservativer Natur. Ohne diesen ständigen Widerspruch, gerade das am meisten zu leugnen, was er selbst am meisten ersehnte, und das am meisten zu ersehnen, wovor er selbst zunächst am weitesten zu fliehen suchte, versteht man nichts im Leben und Denken Exupérys, und am wenigsten in seinen Ausführungen über »Gott«. Derselbe Exupéry, der eben noch in »Gott« das Prinzip einer unablässigen Selbsttranszendenz, einer chronischen Seinsunruhe verkörpert sieht, kann ohne Zögern seinen »Gott« an gleicher Stelle auch zum Garanten der Ewigkeit erklären; nachdem er soeben noch dem Menschen einen unablässigen Aufstieg, eine stete Wanderschaft zugemutet hat, kann er alsbald dazu übergehen, »Gott« als Heim und Heimat des Menschen hinzustellen; und kaum dass er den absoluten Wert der Aktion, des Opfers, des Engagements gepriesen und die Dynamik der Geschichte als letzte Auskunft auf alle Fragen statuiert hat, überkommt ihn das Verlangen nach Dauer und Festigkeit. Es mutet an wie ein Grundbekenntnis all seiner anderen, gegenläufigen Überzeugungen von »Gott«, wenn er seinen »Qaid« sagen lässt: »... mir, der ich Gottes Diener bin, steht der Sinn nach der Ewigkeit. – Ich hasse den Wechsel. Den erwürge ich, der sich in der Nacht erhebt und seine Prophezeiungen in den Wind hinausschleudert, gleich dem Baume, der, vom Blitzstrahl des Himmels getroffen, krachend niederbricht und mitsamt dem Walde in Brand gerät. Ich erschrecke, wenn Gott sich bewegt. Möge er doch in der

Ewigkeit wieder zur Ruhe kommen, der Unwandelbare. Denn es gibt eine Zeit für die Erschaffung der Welt, aber es gib auch eine Zeit, eine glückliche Zeit, die das Überlieferte bewahrt. – Es gilt zu befrieden, zu pflegen, zu glätten. Ich bin es, der die Spalten des Bodens wieder schließt und den Menschen die Spuren des Vulkans verbirgt. Ich bin der Rasen über dem Abgrund … Deshalb schütze ich den, der in der siebenten Generation die Biegung eines Schiffskiels oder die Wölbung eines Schiffes wieder aufgreift, um sie für sein Teil der Vollendung entgegenzuführen … ich liebe die Herde, die sich fortpflanzt, ich liebe die Jahreszeiten, die wiederkehren. Denn vor allem bin ich einer, der ein Heim hat. O Zitadelle, meine Bleibe, ich werde dich vor den Plänen des Sandes schützen und dich mit Kriegshörnern umkränzen, damit sie gegen die Barbaren erschallen.«[161]

Jetzt, mit einem Mal, sind die »Nomaden« und »Heimatlosen«, die eben noch gepriesenen Zigeuner des Daseins, »Barbaren«, vor denen man sich schützen muss; jetzt, mit einem Mal, gilt es Bewahrung statt Aufbruch, denn es droht die Angst vor dem Abgrund.

Ähnliche Widersprüche wie diese kennt man z. B. im Werk F. Nietzsches, dessen seelische Verwandtschaft zu Exupéry sich immer wieder aufdrängt und die offenbar der gleichen Quelle, der Angst vor der Frau, entstammt. Auch Nietzsche, nachdem er jeden Gedanken an Dauer und Ewigkeit als platonisch-christliche Verfälschung von Geschichte und Welt gebrandmarkt hatte, suchte doch im Gedanken des Kreislaufs, in der Idee der ewigen Wiederkehr, eine höchste Annäherung an den Begriff des Seins[162].

Gleichermaßen gibt auch Exupéry deutlich zu erkennen, wie sehr ihn nach jener Welt zurückverlangt, der er so sehr zu entkommen suchte, ja wie sehr der »Dynamismus« seiner Weltsicht im Grund einem enttäuschten »Traditionalismus« entstammt. Während Nietzsche indessen sich zwang, die »Heimatlosigkeit« zu akzeptieren und in immer größere Höhen der Einsamkeit emporzusteigen[163], hörte Exupéry niemals auf, das Verlorene wieder herbeizusehnen. Vollends auf dem äußersten Punkt der geistigen Herausforderung, als Nietzsches »Übermenschen« eben dabei waren, ganz Europa in ihr Wallhall zu verwandeln[164], wusste Exupéry keine andere Antwort mehr auf das Desaster seiner Zeit, als die Zerstörung all der Werte seiner Kindertage ohne Aussicht auf Rettung zu *beklagen.* Ihm selbst blieb nichts als eine starke Todessehnsucht, der Habitus des »Saint Ex«, wie seine Kameraden scherzhaft von ihm sagten, und offen gestand er in seinem »Brief an einen General«:

»Es ist mir ganz gleich, ob ich im Krieg umkomme. Was wird denn von dem bleiben, was ich liebte? Ich spreche nicht nur von den Menschen, sondern auch von den Bräuchen, der unersetzlichen Aktzenten, von einem gewissen geistigen Licht … Die Dinge, die erhalten bleiben, die sind mir ganz gleichgültig. Worauf es ankommt, das ist eine gewisse Anordnungen der Dinge. Die Kultur ist ein unsichtbares Gut, da sie ja nicht die Dinge betrifft, sondern die unsichtbaren Bande, die die Dinge miteinander verknüpfen: so und nicht anders. Man wird vollkommene Musikinstrumente in großen Serien an uns verteilen, doch wo wird der Musiker bleiben? Wenn ich im Krieg umkommen sollte, kümmert mich das wenig … Doch falls ich lebendig heimkehre von diesem ›notwendigen und undankbaren Job‹, dann wird sich für mich nur ein Problem stellen: was kann man, was soll man den Menschen sagen?«[165]

Exupéry hat versucht, diese wichtigste aller Fragen am Ende seines Lebens mit einer Doppelantwort zu lösen, die im Grunde ein letztes Mal den zentralen Gegensatz seines Lebens nur mehr endgültig verdeutlichte, als dass sie ihn hätte überwinden können: der »Kleine Prinz« kehrt zurück zu seiner »Rose«, während der abgestürzte »Flieger« sich erneut in die Lüfte erhebt – ein »Schluss«, der keiner ist, ein Finale, das nichts erklärt. Die regressiven und die progressiven Tendenzen im Leben Exupérys treten jetzt ein für allemal unversöhnt und unvermittelt auseinander. Die Chance, die in der sich abzeichnenden Katastrophe hätte liegen können, die Möglichkeit, den »Kleinen Prinzen« und den »Flieger« zu einer Lebenseinheit zu verschmelzen, ist endgültig vertan; stattdessen obsiegt in gewisser Weise die Dynamik des Ödipuskomplexes: die Rückwendung zur Welt der Mutter und, als unvermeidbarer Preis dafür, der Tod. Angesichts einer Welt, die aus den Fugen bricht, sehnt sich Exupéry in seine Kindheit zurück, und man wird den Wunsch in dem letzten Brief an seine Mutter, den wir eben zitiert haben, ganz wörtlich nehmen müssen: am liebsten möchte er nichts weiter, als in die Arme seiner Mutter zurückkehren und die Rolle des »Kleinen Prinzen« an ihrer Seite zu Ende spielen; er würde ihr lieber großer Junge sein, ohne die »Dummheiten« der Kindertage – das »Schaf«

behielte seinen Maulkorb –, und jetzt, nach vielen Jahren, wäre er alt genug, der »Rose« gerecht zu werden und ihr Recht zu geben. Es wäre ein wunderbarer Traum, und doch ein Wunsch, der einer endgültigen Resignation und Kapitulation vor dem Leben gleichkäme – Exupéry war stolz genug, ein letztes Mal den Kampf um seine erwachsene Männlichkeit aufzunehmen. Auch in diesem Sinne wird man den Tod des »Kleinen Prinzen« deuten müssen: dass Exupéry seine regressive Sehnsucht endgültig in sich zu unterdrücken versucht hat; statt die Gestalt des »Kindes« in sich zu integrieren, schickte er sie endgültig in das Reich der Utopie, allerdings nicht, ohne seine Leser zu bitten, ihm einen Lösungsweg zu zeigen, falls sie dem »Kleinen Prinzen« begegnen sollten, – ein deutlicher Hilferuf, der gleichwohl zu spät kommt. Auf dieser Erde wird und will man künftig nur noch den »Flieger« kennen. Der »Kleine Prinz« ist tot – es lebe der »Qaid«[166]. Eine zerreißende Dichotomie, die mehr Fragen aufwirft, als sie fortnimmt.

3. Zwischen der »Stadt in der Wüste« und dem »himmlischen Jerusalem«

Wir haben den »Kleinen Prinzen« untersucht, um die Frage zu beantworten, inwieweit diese wichtigste Märchendichtung des 20. Jahrhunderts sich lesen lässt als ein Traum, der die Zerrissenheit unseres Bewusstseins heilt, als ein Weg, der aus dem Dunkel des Geistes hineinführt ins Licht, als ein Ort, an dem die Seele sich selbst wiederzufinden vermag. Die Bilanz unserer Untersuchung gibt wenig Anlass zu Hoffnung und Zuversicht. Unzweifelhaft bedeutet Exupérys Dichtung gegenüber den Antimärchen Kafkas eine Oase in der Wüste, und seine »Citadelle« ist wie ein blühender Garten gegenüber der schneekalten Verlorenheit in Kafkas »Schloss«. Seine Weltsicht ist treffend in ihrer Kritik, großartig in ihren Perspektiven und prophetisch in der Radikalität ihrer Infragestellung; zudem wird sie vorgetragen mit der bestechenden Verführungskraft expressiver Dichtkunst. In ihr lebt vor allem noch das Bewusstsein von Werten, die gerettet werden müssen, wenn der Mensch überleben soll, und sie bemüht sich, die wankenden Fundamente des Menschlichen zu stützen durch den Einsatz und das Zeugnis der eigenen Person. Mehr kann ein Mensch kaum tun. Und dennoch fehlt dem Werk Exupérys das Entscheidende: die Kraft der Synthese.

Philosophisch gesehen, ist Exupéry außerstande, die »metaphysische Situation unserer Zeit«[167] geistig zu bewältigen; seine Abscheu vor den Verwicklungen der »Logik«, den Komplikationen des analytischen Verstandes, nötigt ihm einen Institutionismus der unmittelbaren Evidenz auf, der sich weigert, die anstehenden Probleme im konkreten durchzuarbeiten und die vorgeschlagenen Lösungswege argumentativ abzusichern. Er liefert unzweifelhaft sehr betrachtenswerte »Luftaufnahmen« aus großer Höhe, doch das ersetzt keinesfalls die Erschließung des Geländes »am Boden«; trotz aller dichterisch-symbolischen Beschwörungen bleibt das Denken Exupérys im Grunde abstrakt und zeigt sich ohnmächtig, die geschichtliche Wirklichkeit sinnvermittelnd auszulegen. Diese Flucht vor dem Konkreten, diese »Berührungsangst« gegenüber der Wirklichkeit, diese Umwandlung einer geistigen Synthese in bloßes Räsonnement liegt indes nicht etwa in einem Fehlen gedanklicher Klarheit oder in einem Mangel an logischer Konsequenz begründet, sie ergibt sich vielmehr aus einer tiefgreifenden Ambivalenz der seelischen Einstellung. *Psychologisch* betrachtet, darf Exupéry nicht erreichen, was er erstrebt; er hat gelernt zu fürchten, was er liebt, er muss *vermeiden*, was ihm Halt und Ruhe geben könnte, und so muss er fliegen, was er ersehnt, und verleugnen, wonach ihn am meisten verlangt. Und wieder umgekehrt: er muss bejahen, was ihn verneint, suchen, was ihn bedroht, wachsen an dem, was ihm widerspricht – ein Kampf ohne Ausruhen, ein heroischer Mythos, in dem die erstickende »Schlange« der Kindheit sich wandelt zur todbringenden Erlöserin des

Alters. Alles, was seelisch eine Einheit bilden müsste, zerfällt in dieser Ambivalenz zu einer traurigen Wehmut aus kindlicher Liebe und Zärtlichkeit und einer prometheischen Selbstformung »männlicher« Härte und Einsamkeit. Gegen die sich ausbreitende Menschenwüste setzt Exupéry mit einer letzten verzweifelten Anstrengung die Mentalität des Zwanges, den werteschaffenden Willen, die Forderung der Tat gegen die Welt des Glücks. Aber gelingt es dem Großen Qaid, seine Mauern zu schützen gegen das Zerstörungswerk der Zeit? Hält seine »Citadelle« stand gegen das Eindringen der Wüste?

Es war Exupérys Hauptanliegen, den Nihilismus unserer Epoche durch die Kraft einer transzendenten Vision, durch eine postulatorische Architektur des Humanen zu überwinden. An diesem Ziel muss sein Werk gemessen werden, jeder andere Maßstab läge unterhalb seiner Größe. Dann aber muss man sagen, dass es keine sinnerschließende Transzendenz des menschlichen Daseins geben kann, solange der Hintergrund der Welt, der Untergrund des Daseins so sehr mit Angst verstellt bleibt, wie es im Erleben und Darstellen Exupérys geschieht. Die entscheidende Frage ist nicht, wie die Menschen gegen die Erfahrung ihrer Nichtigkeit, gegen den Selbsthass purer Bedeutungslosigkeit, gegen die Gestaltlosigkeit des Staubes mit aller Anstrengung sich ihr eigenes Portrait, eine feste Struktur, ein gewisses Maß an Wert und Würde verleihen können; die entscheidende Frage lautet vielmehr, wie die Menschen ihre Angst vor der Nichtigkeit durch ein tieferes Vertrauen in die Berechtigung ihres Daseins überwinden und zu dem ruhigen Maß ihres Wesens zurückfinden können. Nicht der asketische Terror von Pflicht, Aktion, Verantwortung und Opfer bringt den »wahren« Menschen hervor, im Gegenteil: die Ideologie des »Übermenschen«, des »Menschgottes«, des »Dädalus« hat sich im 20. Jahrhundert bis heute schlimmer widerlegt als jede andere. Keinerlei Zwang und Gewalt vermögen vor Selbsthass und Ekel zu retten, und sie befreien niemals von dem latenten Zynismus aller prometheischen Versuche, einen neuen, angeblich besseren, größeren Menschen aus sich selbst und den anderen hervorzubringen.

Im Prinzip ist dies die einzige wirklich entscheidende Frage des menschlichen Daseins: wie sich die Angst beruhigen lässt, nach einem Wort der Bibel »nur« »Staub« zu sein (Gen 3, 19)[168]. Solange man die Hände, die den Ton geformt haben, fürchten muss, wie etwas Umklammerndes und Erwürgendes, wird man alle Kraft darein setzen, von diesen Händen frei zu werden; bis zum äußersten wird man die drohende Abhängigkeit zu fliehen suchen und sich um so mehr die Forderung auferlegen, ein eigenes Bild von sich selbst zu entwerfen. Aus Angst vor der fremden Verformung und aus Hass auf sich selbst in der Gestalt einer willenlos-amorphen Knetmasse wird man sich anstrengen müssen, mit hohem Überdruck auf sich selbst den wertlosen Kohlenstaub der Existenz zur Kostbarkeit eines Diamanten auszupressen. Aber das Beispiel Exupérys ist wie ein Beweis für das unausweichliche Dilemma dieses Versuchs: im Hintergrund wird die Sehnsucht nur immer größer nach einer weniger anstrengenden, behüteten, kleineren Welt, in der es genügen würde, einfach dazusein, und immer extremer trennen die Welt des »Kindes« und die Welt des »Erwachsenen«, die Sehnsucht des Seindürfens und der Anspruch des Gestaltenmüssens, der Wunsch, in seiner Kleinheit akzeptiert zu sein, und die Forderung nach eigener Tat und Größe auseinander.

Es gibt aus diesem Teufelskreis von Sehnsucht und Kampf, von »Abstieg zu den Müttern« und vom »Aufstieg zu den Sternen«, nur einen einzigen Ausweg: es müsste genügen, zu glauben, was die Bibel von der Erschaffung des Menschen auf ihren ersten Seiten sagt: Gott selber habe am Anfang den Staub der Erde geformt und ihm seinen Atem verliehen (Gen 2, 7); nicht zu fürchten wäre dieser formend-«mütterliche« Hintergrund der Welt, sondern das uns wesenhaft Prägende wäre zugleich das uns Tragende, das uns Gestaltende, das in uns Waltende, das uns Bewährende, das uns Bewahrende; und nicht zu überwinden – nur aufzufinden gälte es das Menschliche. Nicht der »Qaid« – der »Kleine Prinz«, wenn man ihn von der ödipalen Obsession aus Inzestneigung, Homosexualität, Männlichkeitswahn und Kastrationskomplex befreien könnte, hätte die Kraft, die »Wüste« zu erlösen und der »Verwüstung« Einhalt zu gebieten.

Denn es ist wahr, was in seiner Gestalt aus dem Erbe der Religion sich verdichtet, und Exupéry war dieser Wahrheit sehr nahe: in einem jeden Menschen wartet das Gottesantlitz auf seine Erscheinung[169], in einem jeden Menschen gilt es, das Kunstwerk göttlicher Formung zu finden, und ein jeder Mensch, ob Leonardo, Mozart, Shakespeare oder du und ich, trägt tief in sich ein Bild, eine Musik, ein Wort der Ewigkeit, das nur in ihm sich auszusprechen, sich auszudrücken, sich auszumalen vermag. In dieses Ewige und Unzerstörbare, das in den Augen der Geliebten aufscheint wie die Sterne des Himmels auf dem klaren Spiegel eines ruhigen Sees, gilt es hinabzutauchen bis zum tiefsten Grund. Nicht die »Aktion«, die »Strenge«, die »Gewalt«, der »Wille« – nicht MICHELANGELO am Marmorblock –, eher die Kunst des geduldigen Schauens, des verstehenden Hörens, des zärtlichen Einsseins und des unwillkürlichen Einklangs der Herzen erwecken den »Garten« des Menschlichen zu seiner schönsten Blüte. Nicht zu »formen« und zu »verändern« gilt es daher, sondern reifen zu lassen und ins Licht zu heben.

Es gibt so unendlich viel an einem Menschen, den man liebhat, zu entdecken, was nur mit den Augen der Liebe wahrzunehmen ist, und diese ehrfürchtige Dankbarkeit für das Dasein der Geliebten verwandelt jeden Augenblick ihrer Nähe in einen Tempel der Andacht und des Gebetes. Nicht »Aufgaben« »schweißen« Menschen »zusammen«, sondern was sie auf ewig miteinander verbindet, das ist dieser Gleichklang der Seele, diese bebende Welle des Glücks, diese zitternde Woge der Freude, die sie mit unwiderstehlicher Kraft gemeinsam emporträgt zum Himmel. Man muss kein »Schiff« zimmern wollen und keinen »Tempel« errichten[170], um den Wert eines Menschen zu begründen, sondern umgekehrt: man betritt die Seele der Geliebten wie ein Heiligtum, da man Gott nahe ist; man spürt in ihrer Zuneigung, wie warm das Licht der Gottheit die hohen Fenster durchflutet, und es ist, als wollten die Tore jetzt schon sich öffnen zu den Gestaden der Ewigkeit – als läge, wie im Glauben der Ägypter, die Sonnenbarke am Ufer schon bereit und man brauchte sich nur noch auf den Fluten der Liebe hinübertragen zu lassen in jene Welt, die wir die »andere«, die »jenseitige« nennen, weil in ihr jenseits von Raum und Zeit die Herzen der Liebenden miteinander auf immer verschmelzen, und anders als hier, für ewig vereint, für ewig verschwistert sein dürfen – und müssen.

Endgültig muss man hier wählen zwischen der Vision der »Citadelle« und der Vision der Bibel von einem »himmlischen Jerusalem«.

Die Mauern und Gemäuer der »Stadt in der Wüste« sind erbaut auf dem Treibsand der Geschichte, und trotzig recken ihre Türme sich der Vergänglichkeit des Staubs entgegen; der Glutwind der Wüste durchweht die Straßen, und sein heißer Atem verbrennt die Herzen und Münder der Menschen vor Durst; wie in der Esse zerschmilzt ihre Gestalt, bis sie sich nach und nach wandeln zu einer neuen Form und Fülle; denn was sie »wert« sind, das sind sie im »Austausch«, als Teile des »Knotens«, als Quader der Pyramide, als Zierrat am Schrein, doch nichts in sich selbst. Einen Menschen zu lieben heißt hier, ihn durch den Zwang von Entbehrung und Opfer als Menschen allererst hervorzubringen und ihn umzuschmieden als Glied eines »Reiches«.

Wenn demgegenüber die alten Ägypter in der Oase des Nils eineinhalbtausend Jahre vor der Bibel zum Himmel schauten, so sahen sie im Heer der Sterne ihre kleine Welt noch einmal, nur ins Unendliche, ins Ewige erhoben; noch einmal dehnten sich am Firmament die Hütten und Paläste des irdischen Alt-Kairo[171], als wollten sie das Nachtgewand der Himmelsgöttin Nut wie ein Kleinod umspielen; noch einmal erhoben des Morgens sich dort auf den Bergen des Herzens im Osten von Kairo die Gefährten der Nacht, die paviankögpfigen Kinder des Mondgottes Thot, um mit ihrem lärmenden Gebet den Aufgang des Lebens, den Anblick der wiedergeborenen Sonne, zu besingen[172]; noch einmal an den Ufern des himmlischen Nils gingen die Mägde zum Brunnen, die Händler zum Markt, die Kinder zur Schule, und über allem breitete sich die unendliche Würde, die ewige Bedeutung und unvergängliche Schönheit des Lichts: auf einem jeden ruhte die Verheißung der Ewigkeit, denn alles auf Erden war nur der Spiegel des Himmels, ein Vorspiel des Glücks, und die Magie der Liebe bildete schon jetzt die Brücke zwischen Diesseits und Jenseits, zwischen Tod und Unsterblichkeit.

Das Neue Testament, indem es diese Bilder in der Vision vom »himmlischen Jerusalem« aufgreift und bestätigt, weist auch dem Christentum dieselbe Glaubensrichtung: »Ich sah ... die heilige Stadt Jerusalem, neu, herabsteigen vom Himmel von Gott her, zurechtgemacht wie eine Braut, geschmückt für ihren Bräutigam«. (Apk 21, 2) Wohl malen sich die Bilder unserer Hoffnung nur in den Spiegelungen dieser Welt; aber es ist in der Liebe doch möglich, das Irdische schon jetzt als Verheißung und Versprechen unserer ewigen Heimat zu entdecken. Nie, wenn wir glücklich sind, geht es darum, gewaltsam den Himmel zu erstürmen, sondern es scheint im Glück der Liebe der Himmel sich schon jetzt herabzusenken auf die Erde und ganz und gar mit seinem Segen alles zu umhüllen, was die Liebenden verbindet. Wenn so die ganze Welt anhebt zu singen und sich verklärt in dem Gesang der Zärtlichkeit, so wandelt sich schon jetzt ein Stück Erde in ein Stück vom Himmel. Und wenn schon uns, die wir doch sterblich sind, ein jedes Wort der Liebe unvergesslich ist, wie sollte da die Liebe selbst nicht ein Beweis sein für die Unvergänglichkeit des Menschen, den wir lieben? Wenn sich die Welt verwandelt in den unsterblichen Gesang der Liebe, dann spürt man, wie Gott selbst beginnt zu *reden:* »Von seinem Thron herab«, sagt der Seher von Patmos, »hörte ich eine laute Stimme sprechen: Seht mein Zelt unter den Menschen.« (Apk 2, 3) Wir werden Gott nicht sehen können mit den Augen unserer Endlichkeit, aber wir werden ihn spüren als Macht der Liebe im eigenen Herzen und, ganz wie auf Erden, ihn wiedererkennen in den Augen der Geliebten. Denn wir werden uns wiedersehen. Dies lehrt uns die Liebe, die Gott selber ist.

Liegt darin eine Antwort auch schon auf die Herausforderungen unserer Zeit? Gewiss nicht ohne weiteres. Aber erst von daher beruhigt unser Denken sich zu einer Einheit, die uns integraler sehen lässt. Vielleicht wird man bald schon, gegen Ende des Lebens, uns fragen, was wir getan haben gegen die Not unserer Zeit, und es wird nicht viel sein, was wir zu tun vermochten; vielleicht wird man uns fragen, was wir von ihren leitenden Ideen begriffen und von ihren Irrtümern widerlegt haben, und wir werden sagen müssen, dass wir um Generationen hinter der Entwicklung zurückgeblieben sind, haltlos im eigenen Denken und ratlos bezüglich der Fragen, vor die man uns stellte; aber wenn man uns fragt, wofür überhaupt wir auf dieser Welt gewesen sind, so werden wir, hoffentlich, antworten können: Wir haben uns bemüht, die Welt mit den Augen der Liebe zu sehen[173]; wir haben den »Kleinen Prinzen« wiedergefunden inmitten der Wüste des eigenen Herzens; und es hat in unserem Leben Augen gegeben, die uns anschauten wie Fenster zur Ewigkeit. Wir haben zusammen die Barke bestiegen, die uns gemeinsam hinüberträgt zum anderen Ufer. Die alten Ägypter hatten recht: die ganze Welt ist in den Augen der Liebe nur der Schleier, der Schimmer, der Schatten der Ewigkeit[174].

Anmerkungen

Der Handlichkeit wegen folgen die Zitate und Belegangaben aus dem »Kleinen Prinzen« der Ausgabe, die im Karl-Rauch-Verlag, Düsseldorf 1956, in der Übers. v. G. u. J. Leitgeb erschienen ist; alle anderen Werke EXUPÉRYS werden zitiert nach der dreibändigen Ausgabe im Deutschen Taschenbuch-Verlag, München 1978 (dtv 5959); vgl. die Bibliographie auf S. 199 ff.).

1 EXUPÉRY: Die Stadt in der Wüste, Nr. 147, II 415.

2 Etwa so, wie am Ende von SHAKESPEARES »Sommernachtstraum«, 5. Akt, 1. Szene.

3 EXUPÉRY: Die Stadt in der Wüste, Nr. 125, II 368.

4 Ebd., Nr. 78, II 256.

5 F. KAFKA: Das Schloss, Berlin 1935; Neudruck: Frankfurt (Fischer-Tb. 900) 1968. Schon C. CATE: Antoine de Saint-Exupéry. Sein Leben und seine Zeit, 403–404 stellte die Einsamkeit aus KAFKAS »Schloss« der Einsamkeit des »Kleinen Prinzen« auf seinem Planeten gegenüber, die auf das engste mit der Erfahrung der Gottesferne zusammenhängt. So notiert EXUPÉRY: »Allzufrüh in einem Alter, in dem man noch eine Zuflucht sucht, werden wir Gottes entwöhnt, und so müssen wir uns jetzt als einsame kleine Kerlchen durchs Leben schlagen.« CATE: a. a. O., 404.

6 Zur ersten Einführung in die »Stadt in der Wüste« vgl. L. ESTANG: Saint-Exupéry, 67 ff. – Zu Recht meinte R. M. ALBÉRÈS: Saint-Exupéry, 243 vom »Kleinen Prinzen«: »Ein fremdartiges und bezauberndes Buch, bewegender als die Erzählungen der Feen« (die Märchen) – ein Buch, das auch als Vorbild dienen könnte, wie man »für die Kinder unseres Jahrhunderts« schreiben sollte. – Y. LE HIR: Fantaisie et mystique dans »Le petit

prince« de Saint-Exupéry, 22–23 weist zu Recht darauf hin, dass EXUPÉRY sich bis in Details an Märchenvorbilder anschließt, so z. B. wenn der »König« zum »kleinen Prinzen« (S. 35) sagt: »Kommt näher, dass ich dich besser sehe« – eine Wendung, die der Wolf im Märchen vom »Rotkäppchen« gebraucht; oder wenn (S. 40) der »kleine Prinz« zu dem Eitlen sagt: »Sie haben einen spaßigen Hut auf«, und damit die Frage des »Rotkäppchens« an den Wolf bzw. an die Großmutter aufgreift.

7 Als Vorbild dafür könnte man denken an die Novelle von E. T. A. HOFFMANN: Das fremde Kind, in: Die Serapionsbrüder (1819–1821), in: Werke in 5 Bden., hrsg. v. G. Spiekerkötter IV 222–258.

8 Das Wort »Böse« stammt etymologisch von der Wurzel bhou – aufblasen; vgl. dazu sowie zur Herleitung des Bösen aus der Angst E. DREWERMANN: Strukturen des Bösen, Bd. 3, [2](erw.) 1980, S. LXXVI bis LXXVIII.

9 Der Begriff der »Als-ob-Fassade« stammt von G. AMMON: Psychodynamik des Suizidgeschehens, in: G. Ammon: Handbuch der Dynamischen Psychiatrie, 1. Bd., 779.

10 Joh 8, 1–11.

11 F. M. DOSTOJEWSKI: Der Idiot, 1. Teil, 6. Kap., Frankfurt (Fischer TB 1261, 2 Bde.) 1971, 1. Bd., S. 82–92.

12 G. BERNANOS: Tagebuch eines Landpfarrers, 157–182.

13 Das »göttliche Kind« ist ein archetypisches Bild, das als Frucht der Gegensatzvereinigung von Bewusstsein und Unbewusstem psychologisch wie theologisch den Ort des bislang ungelebten, aber zu neuem Leben erwachenden Daseins widerspiegelt. Vgl. C. G. JUNG – K. KERÉNYI: Das göttliche Kind in mythologischer und psychologischer Beleuchtung, Amsterdam – Leipzig 1940. – Es verdient Beachtung, dass noch heute im nepalesischen Kult der Kumari, einer Inkarnation der Schutzgöttin Taleju, die Verehrung eines göttlichen Kindes begangen wird. Vgl. P. KOCH – H. STEGMÜLLER: Geheimnisvolles Nepal. Buddhistische und hinduistische Feste, München 1983, 103–114.

14 EXUPÉRY: Wind, Sand und Sterne, I 339. – K. RAUCH: Antoine de Saint-Exupéry. Mensch und Werk, 51 zitiert die Stelle in gleichem Sinne; aber er fragt nicht, sowenig wie irgendeiner der Bio-

graphen, inwieweit dieses Bild eines *zerstörten* Lebens auch auf Exupéry selbst und sein Denken Anwendung finden muss.

15 EXUPÉRY: Der Kleine Prinz, S. 27. – Y. LE HIR: Fantasie et mystique dans »Le petit prince« de Saint-Exupéry, 27–28 beschreibt die »großen Leute« zu Recht als diejenigen, die »die Frische des Herzens, die Spontaneität des Erlebens und Urteils verloren haben«, als Menschen, » die nichts mehr kennen als eine materielle Ordnung der Werte und in denen jeder Sinn gestorben ist aus Desinteresse an der Schönheit und der Poesie«; die »großen Leute« sind in diesem Sinne nicht einfach die »Erwachsenen«, sondern der Gegentyp der »Kinder«; in beiden reflektieren sich menschliche Grundeinstellungen.

16 Gemäß der erkenntnistheoretischen Zweiteilung in dem Hauptwerk A. SCHOPENHAUERS: Die Welt als Wille und Vorstellung, Sämtl. Werke, II–III.

17 EXUPÉRY: Der Kleine Prinz, 38.

18 F. M. DOSTOJEWSKI: Der Idiot, 3. Teil, 7. Kap., 2. Bd., S. 104 meinte sehr richtig: »Wisst, dass es in der Erkenntnis der eigenen Nichtigkeit und Ohnmacht eine Grenze für die Schande gibt, über die der Mensch nicht hinausgehen kann, und von wo ab er in seiner Schande selbst einen ungeheueren Genuss zu empfinden beginnt ...«

19 S. KIERKEGAARD: Die Krankheit zum Tode, 49 ff stellte die Verzweiflung der Schwäche der Verzweiflung des Trotzes entgegen; zur Darstellung des Begriffs der Verzweiflung bei Kierkegaard, vgl. E. DREWERMANN: Strukturen des Bösen, III 487 bis 492.

20 So endet H. IBSEN: Die Wildente, 5. Akt, Dramen II 250–251 mit der Bemerkung Rellings über Hjalmar Ekdals narzisstischen Selbstgenuss in der Trauer über den Tod seiner Tochter.

21 So schildert F. M. DOSTOJEWSKI: Schuld und Sühne, 1. Teil, 2. Kap., 13–31 die Verzweiflung des haltlosen Trinkers Marmeladow.

22 Zu dem Fetischcharakter der Sucht vgl. E. DREWERMANN: Psychoanalyse und Moraltheologie, 3. Bd.: An den Grenzen des Lebens, Mainz 1984.

23 E. DREWERMANN: Der tödliche Fortschritt, 90–110 beschreibt die Rechtlosigkeit der Kreatur im christlich-abendländischen Weltbild.

24 J. Lame Deer – R. Erdoes: Tahca Ushte. Medizinmann der Sioux, München 1979, 139.

25 Ebd., 92.

26 Ebd., 50.

27 K. Recheis – G. Bydlinski: Weißt du, dass die Bäume reden. Weisheit der Indianer, 93.

28 Z. B.: Exupéry: Wind, Sand und Sterne, I 298, wo Exupéry, fast verdurstend, noch die Weisheit des Feneks bewundert, der niemals alle Schnecken von einer einzelnen Kaktee frisst, um das Überleben seiner Beutetiere nicht zu gefährden; vgl. E. Drewermann: Der tödliche Fortschritt, 83–84.

29 Exupéry: Der Kleine Prinz, 67.

30 K. Marx: Das Kapital, 3. Bd. (MEW 25), 50 meinte von der Festlegung der Bodenpreise: »... die Rente, und damit der Wert des Bodens, ... entwickelt sich mit dem Markt für das Bodenprodukt, und daher mit dem Wachstum der nicht agrikolen Bevölkerung, mit ihrem Bedürfnis und ihrer Nachfrage teils für Nahrungsmittel, teils für Rohstoffe.«

31 Das Bild dafür ist in dem Märchen das Motiv des »Seelenverkaufs«, vgl. z. B. Das Grimmsche Märchen »Das Mädchen ohne Hände« (KHM 31); E. Drewermann – Ingritt Niehaus: Das Mädchen ohne Hände, 31–32.

32 Der Begriff der »wahren Zeit« (der durée réelle) spielt eine große Rolle in der Philosophie von H. Bergson: Essai sur les données immédiates de la conscience, 1989; in: Matière et Mémoire, 1896, p. 234 f wirft Bergson der Physik vor, ein ideales Schema abstrakter unendlicher Teilbarkeit der Zeit zu konstruieren, das nur ein Ergebnis der Fixierung und Teilung darstelle, aber mit den Dingen selbst nichts zu tun habe und nur in der Fixierung des Werdens Ansatzpunkte des menschlichen Eingreifens liefere. Tatsächlich hat die Physik in Gestalt der Quantenmechanik selber die Geometrisierung der Zeit in der allgemeinen Relativitätstheorie A. Einsteins überwunden; vgl. dazu L. De Broglie: Die Anschauungen der modernen Physik und der Bergsonschen Begriffe der Zeit und der Bewegung, in: Licht und Materie, Frankfurt 1958, 166–181.

33 Der Begriff der »Außenlenkung« stammt von D. Riesmann: Die

einsame Masse, 137, der den außengeleiteten Menschen als jemanden definiert, der den Sinn aller Tätigkeiten darin sieht, »mit anderen Menschen fertigzuwerden.« RIESMANN stellt der Außengelenktheit die innengeleitete und die traditionsgeleitete Lebensweise gegenüber.

34 Vgl. ST. ZWEIG: Magellan, Wien 1938; Neudruck: Frankfurt (Fischer-Tb. 1380) 1977, 145 ff.

35 Vgl. S. KIERKEGAARD: Der Augenblick, Werkausgabe, 2. Bd., 392–394: »Die Schwierigkeit meiner Aufgabe«, wo KIERKEGAARD das beamtete und amtliche Christentum als »Kriminalfall«, als »Seelenverkäuferei«, als »Falschmünzerei« anklagt.

36 Vgl. F. NIETZSCHE: Vom Nutzen und Nachteil der Historie für das Leben, in: Unzeitgemäße Betrachtungen, 110, wo NIETZSCHE von der »Eitelkeit des Historikers« spricht, die ihre »Banalität« und »Flachköpfigkeit« in den Begriff der »Objektivität« hülle, nur um sich die Aufgabe zu ersparen, sich künstlerisch und liebend in die empirischen Data zu versenken und die Geschichte an gegebenen Typen weiterzudichten.

37 EXUPÉRY: Die Stadt in der Wüste, Nr. 150, II 423.

38 So bestimmte S. KIERKEGAARD: Furcht und Zittern, 19 den »Glauben« als ein Vertrauen »für dieses Leben«; zu dem Begriff des Glaubens als einer »Doppelbewegung des Unendlichen« bei KIERKEGAARD vgl. E. DREWERMANN: Strukturen des Bösen, III 497–504.

39 EXUPÉRY: Der Kleine Prinz, 58.

40 Ebd., 61.

41 Ebd.

42 EXUPÉRY: Brief an einen General, III 224.

43 Ebd., III 225.

44 Ebd., III 227. – De facto erinnert das Bild von der Menschenwüste an F. NIETZSCHE: Also sprach Zarathustra, 4. Teil, Unter Töchtern der Wüste, S. 234–238: »Die Wüste wächst: weh dem, der Wüsten birgt!«. –

45 EXUPÉRY: Brief an einen General, III 227–228.

46 EXUPÉRY: Wind, Sand und Sterne, I 332.

47 So sieht man in der Bibel Moses, Elias, Johannes den Täufer, Jesus in der Wüste sich auf die Wahrheit Gottes vorbereiten. –

Y. Le Hir: Fantasie et mystique dans »Le petit prince« de Saint-Exupéry, 48–49 meint richtig, der Symbolismus der Details im »Kleinen Prinzen« sei transparent genug und eine »Initiation zu dem geistigen Leben«; die »Wüste« sei »nicht nur das Symbol einer Zwischenstufe des inneren Lebens; in ihrer physischen Wirklichkeit« sei »sie auch der bevorzugten Rahmen der Begegnungen mit Gott in Schweigen und Einsamkeit«. Leider führt Le Hir seine Beobachtungen an den anderen Symbolen, aus Unkenntnis offenbar des psychoanalytischen Symbolverständnisses nicht weiter.

48 Koran 5, 4, ein Text aus der Medina-Zeit Mohammeds, erklärt den »Islam«, die »Hingabe an Gott«, für die Religion selbst; vgl. L. Gardet: Der Islam, 21.

49 Exupéry: Die Stadt in der Wüste, Nr. 138, II 397.

50 Die Symbolik dafür ist in der christlichen Architektur der Taufbrunnen am Eingang der Kirche: man betritt das Heiligtum, als stiege man in den Weltbrunnen, ins Westmeer, hinab, um der oberflächlichen »Welt«-betrachtung abzusterben und, durch die Wahrheit der Tiefe erneuert, in verjüngter Gestalt in die Welt zurückzukehren. In den *Märchen* ist dieses Motiv am schönsten im Märchen von »Frau Holle« (KHM 24) angesprochen; vgl. E. Drewermann – Ingritt Neuhaus: Frau Holle. Grimms Märchen tiefenpsychologisch gedeutet, Bd. 3, Olten – Freiburg 1982, 32–35; 50, Anm. 49.

51 Zur Symbolik der Schlange als dem Wesen der Kontingenz, des Übergangs zwischen Tag und Nacht, Hell und Dunkel, Festland und Meer, Bewusstsein und Unbewusstem, Gutem und Bösem, Sein und Nichtsein vgl. E. Drewermann: Struktur des Bösen 1. Bd., ²(erw.) 1979, S. LXV–LXXVI; 2. Bd., 69–111. – Zum Tod als einem letzten Gnadenweg der Natur in Situationen der Ausweglosigkeit vgl. E. Drewermann: Vom Problem des Selbstmords oder: von einer letzten Gnade der Natur, in: Psychoanalyse und Moraltheologie, 3. Bd.: An den Grenzen des Lebens.

52 Vgl. E. Drewermann – Ingritt Neuhaus: Der goldene Vogel. Grimms Märchen tiefenpsychologisch gedeutet, Bd. 2; Olten – Freiburg 1982, 39–40.

53 Die Osirismythe des Plutarch ist abgedruckt bei G. Roeder:

Urkunden zur Religion des Alten Ägypten, Jena 1915, 15–21 (cap. 14, S. 17); zur Gestalt des Anubis vgl. W. HELCK: Ägypten. Die Mythologie der Ägypter, in: H. W. Haussig (Hrsg.): Wörterbuch der Mythologie, 1. Bd.: Götter und Mythen im Vorderen Orient, Stuttgart 1965, 334 bis 336.

54 Zur Jenseitsreise der Schamanen vgl. H. FINDEISEN – H. GEHRTS: Die Schamanen. Jagdhelfer und Ratgeber, Seelenfahrer, Künder und Heiler, Köln 1983, 112–125 (über den Schamanenbaum und den Himmelsaufstieg), und 226–244 (die Erzählung vom Erdensohn und seiner Frau, der Himmelstochter). In den Grimmschen Märchen entspricht diesem Schema am ausgeprägtesten wohl die Erzählung »Die Kristallkugel« (KHM 197); vgl. E. DREWERMANN – INGRITT NEUHAUS: Die Kristallkugel. Grimms Märchen tiefenpsychologisch gedeutet, Bd. 6, Olten – Freiburg 1985.

55 So z. B. der »Bär« in dem Märchen von »Schneeweißchen und Rosenrot« (KHM 161); vgl. E. DREWERMANN – INGRITT NEUHAUS: Schneeweißchen und Rosenrot. Grimms Märchen tiefenpsychologisch gedeutet, Bd. 4, 1983, 30–35.

56 EXUPÉRY: Die Stadt in der Wüste, Nr. 125, II 366–367; vgl. Nr. 126, II 372.

57 Ebd., Nr. 138; II 396–397.

58 Ebd., Nr. 135, II 387.

59 EXUPÉRY: Der Kleine Prinz, 75

60 EXUPÉRY: Wind, Sand und Sterne, VIII: Der Durst, Kap. 6; 7; I 304–318.

61 Ps 23, 2

62 Vgl. Das Grimmsche Märchen »Das Wasser des Lebens« (KHM 97), dessen Inhalt und Aufbau in vielen dem Märchen »Der goldene Vogel« gleicht; s. o. Anm. 52. Im *Neuen Testament* ist die Perikope von der Frau am Jakobsbrunnen (Joh 4, 1–42) zum Vergleich heranzuziehen, sowie z. T. die Perikope von dem Gelähmten am Teich Bethesda (Joh 5, 1–9); im AT vgl. bes. Ez 47, 9.

63 EXUPÉRY: Der Kleine Prinz, 72.

64 Vgl. E. DREWERMANN: Vom Problem des Selbstmords oder: von einer letzten Gnade der Natur, in: Psychoanalyse und Moraltheologie, 3. Bd.: An den Grenzen des Lebens, Mainz 1984.

65 So erklärt der BUDDHA (Udana VIII 8) im Palast der reichen Bürgersfrau Visakha Migaramata, deren Enkelin gestorben ist:
»Was es an Leid gibt, an Schmerz und Klagen
In dieser Welt in zahllosen Gestalten,
Das kommt nur davon, dass wir Liebes haben,
Hast du nichts Liebes, nahm dir keine Leiden.
Dies sind die Freud'gen drum, die Leiderlösten,
Für die hieneden sich nichts Liebes findet.
Begehrst du nach der schmerzlos reinen Stätte,
Sieh zu denn, dass dir in der Welt nichts lieb sei.«
Übers. v. H. OLDENBERG; zit. bei: H. v. GLASENAPP: Die Literaturen Indiens (Handbuch der Literaturwissenschaft, hrsg. v. O. Walzel), Wildpark-Potsdam 1929, 132.

66 Vgl. E. DREWERMANN: Von Der Geborgenheit im Ring der Zeit, in: Strukturen des Bösen, 1. Bd., [3](erw.) 1981, 378–389.

67 Zum Aufbau und zur Philosophie des Maya-Kalenders vgl. J. E. S. THOMPSON: Die Maya. Aufstieg und Niedergang einer Indianerkultur, 256–269; W. CORDAN: Popol Vuh. Mythos und Geschichte der Maya, 182–189.

68 EXUPÉRY: Wind, Sand und Sterne, I 335.

69 Bes. A. CAMUS: Der Mythos von Sisyphus, 18–19.

70 So vor allem G. MARCEL: Entwurf einer Phänomenologie und einer Metaphysik der Hoffnung, in: Philosophie der Hoffnung. Die Überwindung des Nihilismus, München (List-Tb. 84) 1964, 70–71, wo er auf den »unlöslichen Zusammenhang von Hoffnung und Liebe« hinweist.

71 W. LENNIG: Edgar Allan Poe in Selbstzeugnissen und Bilddokumenten, Hamburg (rm 32) 1959, 138–139; 148–150.

72 E. A. POE: Das gesamte Werk in zehn Bden., hrsg. v. K. Schumann u. H. D. Müller, Olten 1976, Bd. IX, 189–191. Hier der Wortlaut im Original.
»But our love it was stronger by far than the love
Of those who were older than we –
Of many far wiser than we –
And neither the angels in Heaven above
Nor the demons down under the sea,
Can ever dissever my soul from the soul

Of the beautiful Annabel Lee.
For the moon never beams without bringing me dreams
Of the beautiful Annabel Lee;
And the stars never rise but
I see the bright eyes
Of the beautiful Annabel Lee;
And so, all the night-tide, I lie down by the side
Of my darling, my darling, my life and my bride,
In her sepulchre there by the sea –
In her tomb by the side of the sea."

73 Joh 14, 1–4.

74 A. Gardiner: Egyptian Grammar being an introduction to the study of hieroglyphs, Oxford [3]1957, 568: mnj = landen, geschrieben mit dem Determinativ eines am Boden liegenden Mannes oder einer liegenden Mumie, hat die Bedeutung: sterben.

75 A. Gardiner: a.a.O., 563; 576.

76 J. v. Eichendorff: Ausgewählte Werke, hrsg. v. P. Stapf, 2 Bde.: Gedichte und Romanzen. Ahnung und Gegenwart, Wiesbaden (Tempel Klassiker) o. J., 265: Spruch.

77 In einem Gedicht »An Julien« konnte Novalis: Werke, hrsg. u. komm. V. G. Schulz, [2](neu bearb.) München 1981, 84–85 schreiben:

»Dass ich mit namenloser Freude
Gefährte deines Lebens bin
Und mich mit tiefgerührtem Sinn
Am Wunder deiner Bildung weide –
Dass wir aufs innigste vermählt,
Und ich der Deine, du die Meine,
Dass ich von allen nur die Eine,
Und diese Eine mich gewählt,
Dies danken wir dem süßen Wesen,
Das sich uns liebevoll erlesen.
Oh! Lass uns treulich ihn verehren,
So bleiben wir uns einverleibt.
Wenn ewig seine Lieb uns treibt,
So wird nichts unser Bündnis stören.
An seiner Seite können wir

Getrost des Lebens Last ertragen
Und selig zueinander sagen:
Sein Himmelreich beginnt schon hier,
Wir werden, wenn wir hier verschwinden,
In seinem Arm uns wiederfinden.«

Zu Novalis' Verhältnis zu der 13-jährigen Sophie von Kühn vgl. O. Betz: Novalis: Im Einverständnis mit dem Geheimnis, Freiburg (Herder-Tb. 773) 1980, 13.

78 Zur Verwandtschaft und Nähe Exupérys zu Nietzsche vgl. L. Estang: Exupéry, 25–26. Die Ähnlichkeit der Kindheitsbiographie Nietzsches zu den psychischen Gegebenheiten der frühen Kindheit Exupérys, wie wir sie hier rekonstruieren, zeigt sich bei der Lektüre von I. Frenzel: Nietzsche, 8–16, auch dort die gleiche Überbetonung weiblicher Verwöhnung in der Erziehung, die gleiche Einsamkeit, die (homosexuell getönte) Andersartigkeit, die spätere Verklärung des Elternhauses, der »männliche Protest« als Lebenslinie.

79 So z.B. in den Grimmschen Märchen: Das Wasser des Lebens (KHM 97) oder: Das blaue Licht (KHM 116). – Es scheint ein unausrottbares Vorurteil der Schüler C. G. Jungs zu sein, dass Erzählungen märchenhafter Art, koste es, was es wolle, als »integrativ« zu lesen sind. Offensichtlich endet der »Kleine Prinz« mit der Trennung des »Kindes« von dem »Flieger«, und zu Recht spricht L. Estang: Saint-Exupéry, 18 davon, dass »der kleine Prinz auf dem Sand liegen blieb und darin aufging, um zu einer neuen Gestalt zu werden: der des großen Kaid, des Erbauers der Zitadelle.« A. Heimler: Der kleine Prinz, in: Selbsterfahrung und Glaube, 246 hingegen bekommt es fertig, die »Heimkehr« des »kleinen Prinzen« als »den Höhepunkt der Ich-Integration« zu lesen, als »Weg der Angstbewältigung und Du-Findung … angesichts … des Todes.«

80 Zu dem tiefenpsychologischen Sinn dieses Aufbaus vgl. E. Drewermann: Tiefenpsychologie und Exegese, 1. Band: Die Wahrheit der Formen: Von Traum, Mythos, Märchen, Sage und Legende, Olten – Freiburg 1984, 198.

81 A. Quinn: Der Kampf mit dem Engel. Eines Mannes Leben 8–9 schildert das Flehen des gescheiterten großen Schauspielers:

»Junge, hilf mir ... Hilf mir, oder wir ertrinken alle beide.« Der »Junge« verschwindet, als der »Schauspieler« die Liebe entdeckt (344–345). Der Weggang des »Jungen« dort ist identisch mit seiner Integration; bei Exupéry indessen kommt der »kleine Prinz« wie ein fremder, sehr liebenswerter, im Grunde aber störender Besucher zu dem »Flieger«, der zur Reparatur des »Motors« durchaus nichts beiträgt. Sein »Weggang« ist eine echte Abspaltung, eine Mischung aus Regression der Libido und Dissoziation im Ich.

82 Exupéry: Der Kleine Prinz, 8.

83 Zum Begriff und zur Deutung der »Deckerinnerungen« vgl. E. Drewermann: Tiefenpsychologie und Exegese, 1. Bd., 350–368.

84 Zur symbolischen Einheit von »Schlange« und »Frau« vgl. E. Neumann: Die große Mutter. Eine Phänomenologie der weiblichen Gestaltungen des Unbewussten, Olten 1974, 143–145; vgl. E. Drewermann: Strukturen des Bösen, 2. Bd., 69–87 zur Einheit von Erde, Mond, Schlange, Frau und Fruchtbarkeit. – In der Schlangensymbolik erkennt A. Heimler: Der kleine Prinz, in: Selbsterfahrung und Glaube, 200 sehr aufrichtig einen »Kinderalptraum«; aber er vertut diese Einsicht sofort, indem er völlig willkürlich dazu ein Kind assoziiert, das »in der Nacht nach der Mutter« schreit, »total alleingelassen«. Das Gegenteil trifft eher zu. Noch weit abwegiger wird die Interpretation Heimlers, wenn er zunächst in abstrakter Allgemeinheit in der Boa ein bestimmtes »In-der-Welt-Sein«, und dann wieder willkürlich-konkret »Wettrüsten« und »Wirtschaftswettbewerb« diagnostiziert.

85 So z. B. in dem Märchen: Die zwei Brüder (KHM 60) oder, abgewandelt, in: Die Kristallkugel (KHM 197); vgl. E. Drewermann – Ingritt Neuhaus: Die Kristallkugel. Grimms Märchen tiefenpsychologisch gedeutet, Bd. 6, Olten – Freiburg 1985.

86 Exupéry: Der Kleine Prinz, 26. – M. de Crisenoy: Antoine de Saint-Exupéry, 64, 70; 175 denkt, wie die meisten Biographen (s. u. Anm. 124), bei der »Rose« des »kleinen Prinzen« an gewisse Erinnerungen an die erste Verlobungszeit Exupérys: »Saint-Exupéry, der unvergessliche Worte für die Freundschaft gefunden hat, wird nie mehr von Liebe sprechen. – Doch! Fünfzehn Jahre später wird der Kleine Prinz in eine Rose verliebt sein, eine

gefallsüchtige, schwer verständliche Blume.« Aber wenn auch die Beziehung zwischen Bernis und Geneviève im »Südkurier« unzweifelhaft nach den Erfahrungen des Scheiterns erster Liebe gestaltet ist, so kann doch bei der Interpretation des »Kleinen Prinzen«, dieser eigentlichen »Offenbarung von Saint-Exupérys Seelenleben« (Crisenoy: a.a.O., 180), keine Deutung befriedigen, die nicht vor allem das Motiv der *Rückkehr* des Prinzen (des *Kindes* Exupéry!) zur »Rose« verständlich macht.

87 Exupéry: Der Kleine Prinz, 26.

88 Ebd., 11.

89 Die kreisrunde Form der »Planeten« lässt sich tiefenpsychologisch als ein Symbol der weiblichen Brust interpretieren; erst so jedenfalls versteht man, wieso der »kleine Prinz« auf seinem »Planeten« offenbar niemals Durst oder Hunger leidet, eine Fähigkeit, die er auch auf der »Erde« zum Staunen des »Fliegers« noch besitzen wird, man wird im Hintergrund dieser Bedürfnislosigkeit des »kleinen Prinzen« an eine orale Überverwöhnung denken müssen, die auch durch die Winzigkeit seiner Gestalt und die relative Größe der »Planeten« noch unterstrichen wird. Vor allem die menschenleere Einsamkeit des »kleinen Prinzen« auf seinem »Planeten« wird nur verständlich, wenn man in dem ganzen »Planeten« ein (orales) Symbol der Mutter sieht, die dem Kind die ganze Welt ist und bedeutet, ohne dabei doch als eine eigene »Person« entdeckt zu werden.

90 Das »Fegen« der »Vulkane« ist eine ausgesprochen »anale« Tätigkeit, wobei die möglichen »Eruptionen« der »Krater« nicht nur als »Unsauberkeit« (= Einkoten) zu deuten sind, sondern auch die aggressiven Regungen der ersten Trotzphase symbolisieren könnten. Zu den oral-depressiven Schuldgefühlen treten jetzt, neurosepsycholgisch gelesen, also noch starke zwangsneurotische Züge hinzu – ein Persönlichkeitsbild, das man aus jeder Zeile, vor allem in der »Stadt in der Wüste« wird belegen können. R. Zeller: La vie secrète d'Antoine de Saint-Exupéry ou la parabole du petit prince, 93 ff sieht in den »Vulkanen«, »die Liebe« und die »Hoffnung« – aber das ist natürlich durch nichts begründbar.

91 L. Estang: Saint-Exupéry, 151 erwähnt in der »Lebenschronik«,

dass die Mutter 1904 mit ihren drei Töchtern und zwei Söhnen damals das Haus in Lyon verließ und Antoine danach seine Kindheit in zwei Schlössern verbrachte, die einer Tante und der Großmutter mütterlicherseits gehörten. Vgl. P. Chevrier: St.-Exupéry, 17. Welche seelischen Konflikte sich aus diesen Veränderungen für Exupéry ergaben, findet keiner der Biographen bedenkenswert. R. Zeller: La vie secrète d'Antoine de Saint-Exupéry ou la parabole du petit prince, 31 spricht wohl von der »Einsamkeit« Exupérys (»Die Einsamkeit war in ihm«, p. 34) und erklärt (p. 25): »er ist immer einsam gewesen« – die ganze Welt echot schließlich das »Ich bin einsam« des »Kleinen Prinzen« (Exupéry: Der Kleine Prinz, 61). Aber Zeller reflektiert, wie alle anderen Biographen, die Einsamkeit nur phänomenologisch, nicht psychologisch, und so werden die Ursachen mit den Wirkungen vertauscht: die Einsamkeit Exupérys wird in überhöhender Sprache als »Sehnsucht nach Unendlichkeit« (Zeller a.a.O., 34) gedeutet, und es ist die Rede sogar von »dem Vertrauen des Fliegers auf seine geistliche Einsamkeit« (31). Wenn dennoch biographische und psychologische Bezüge zwischen dem »kleinen Prinzen« und der »Rose« hergestellt werden, so vermuten manche Interpreten in der »Rose« gewisse Erinnerungen Exupérys an die aufgelöste Verlobung mit seiner ersten Braut; so L. Estang: Saint-Exupéry, 24–25; aber auch L. Estang anerkennt (S. 22–23), dass der Planet der »Rose« als die Kindheit Exupérys also nicht als seine Brautzeit, zu verstehen ist; zudem passt die »Rückkehr« des »kleinen Prinzen« nur zu *einer* Frau im Leben Exupérys: zu seiner Mutter; schließlich leben auch und gerade in der ersten Jugendliebe die Erinnerungen an die eigene Mutter am heftigsten wieder auf, und der Grund auch für das Scheitern der ersten Liebe Exupérys könnte in den gleichen Ambivalenzen zu suchen sein, die seine Bindung an die Mutter charakterisierten; s. u. Anm. 124. Zur Chronik des Lebens Exupérys vgl. P. Kessel: La vie de St.-Exupéry, 6–27 (Kindheit und Jugend).

92 Exupéry: Der Kleine Prinz, 30. – Sehr zutreffend schlägt A. Heimler: Der kleine Prinz, in: Selbsterfahrung und Glaube, 211 vor, hinter der Angst des »Prinzen« um die »Rose« eine »nicht

zugelassene Aggression gegen die Blume« zu erkennen, »die Angst vor oraler (verbaler) Aggression« existiert wirklich, aber auch hier nutzt Heimler nicht die eigene Erkenntnis, indem er aus dem Beziehungskonflikt zwischen »Prinz« und »Rose« einen Konflikt zwischen »Bewusstsein« und »Unbewusstem« macht, obwohl er (S. 214) auch »das Zusammentreffen mit einer realen Frau« für möglich hält.

93 Exupéry: Der Kleine Prinz 28. – A. Heimler: Der kleine Prinz, in: Selbsterfahrung und Glaube, 204–205 schlägt vor, das »Schaf« sei eine andere Form der »Boa«, die »unter dem beharrlichen Wirken des Selbst zum Lämmlein gewandelt« worden sei; aber abgesehen davon, dass niemand wissen wird, was das »beharrliche Wirken des Selbst« sein soll, führt die rätselnde typologische Symboldeuterei zu mehr Schwierigkeiten, als sie auflöst. Das wahre Problem des »Schafes« ist der »Maulkorb« und die Bedrohung der »Rose«; davon also ist bei der Deutung auszugehen.

94 Exupéry: Der Kleine Prinz, 12.

95 Ebd., 28.

96 Ebd.

97 *Nefer-tem* heißt eigentlich »der ganz Vollkommene«, der »völlig Schöne« und ist »Jene Lotosblume an der Nase des RE«, wie die Pyramidentexte von ihm sagen. H. Kees: Der Götterglaube im Alten Ägypten, 89. Im Neuen Reich galt als kanonische Dreiheit: Ptah, Sachmet und Nefertem. Kees: a.a.O., 287.

98 L. Estang: Saint-Exupéry, 25 meint von Exupérys Einstellung zur Frau: »… wirklich paraphrasiert er mit kleinen Abwandlungen den berühmten Satz (sc. Nietzsches, d. V.): ›Der Mann soll zum Kriege erzogen werden und das Weib zur Erholung des Krieges.‹« »Nach dem, was die Biographen berichten, wandte Saint-Exupéry selbst diese Prinzipien an, wenn es sich um die ›netten Käfer‹ handelte, wie er sie nannte.« In der »Stadt in der Wüste« geht Exupéry sogar so weit, die Liebe selbst zum bloßen Sinnbild zu entwerten: »In Wahrheit nicht so wichtig ist vielleicht die Liebe jener Frau, die die Heimkehr ihres Mannes erwartet. Nicht so wichtig ist vielleicht die Hand, die vor der Abreise winkt. Sie ist aber Sinnbild von etwas Wichtigem.« »…

so ist die Geometrie ein Sinnbild, aber auch jene Arme sind es, welche der Mann um seine schwangere Frau legt, die eine Welt in sich trägt, und die er beschützt.« (Nr. 21, II 110). Die Liebe einer Frau ist für einen Mann wie Exupéry insbesondere als Verführung zur »Ruhe« gefährlich; denn »Ebensowenig kannst du dich in der Liebe ausruhen, wenn sie sich nicht Tag für Tag wie eine Mutterschaft verwandelt. Du aber möchtest dich in deine Gondel setzen und dein Leben lang zum Gondoliere werden. Aber du irrst dich. Denn all das ist ohne Wert, was nicht Aufstieg oder Übergang ist. Und wenn du innehältst, wirst du der Langeweile begegnen, da dir ja die Landschaft nichts mehr zu sagen hat. Und so verstößt du die Frau, obwohl du zuerst dich selber verstoßen solltest.« (Nr. 35, II 150) Anders hätte es F. Nietzsche auch nicht sagen können. Vgl. ähnlich Nr. 38, II 157–158. – Auffallend häufig kreisen die Phantasien des »Herrschers« der »Stadt in der Wüste« indessen um »Tänzerinnen, Sängerinnen und Kurtisanen«; vgl. Nr. 37, II 153–155. Ausdrücklich warnt der Qaid besonders vor der »Frau ..., die selbst anbetet«, die »verzehrt, ohne sich zu nähren«, die »in der Liebe auf Beute« ausgeht (Nr. 170, II 474–477) – die Frau als möglicher Vampir, das ist die Angstseite in der Einstellung Exupérys zur Frau als »Schlange«; die »Liebe« als Verpflichtung – das ist die Formulierung desselben Gefühls, nur unter dem Anschein eines sittlichen Postulates. E. A. Racky: Die Auffassung vom Menschen bei Antoine de Saint-Exupéry, 34–35 erklärt der Sache nach richtig, allerdings ohne das psychologische Problem darin zu sehen: »Saint-Exupéry gelangt nicht einmal bis zu der modernen Version einer Kameradschaft von Mann und Frau, noch fällt ein Wort von der ›großen Liebe‹«. »Saint-Exupéry begegnet der Frau mit einer betonten Ritterlichkeit, mit Verehrung. Die Frau ist zerbrechlich und zart. Man darf sie nicht mit rauhen Händen berühren. Die Frau hat nicht die Möglichkeit, an der *action* teilzunehmen und die alles opfernde Freundschaft der Gemeinschaft der Männer zu erleben (sic!) ... Im Kreise der Flieger glaubt Saint-Exupéry die Schwierigkeiten, den anderen zu verstehen, überwinden zu können. Die Freundschaft der Männer schafft die Bindungen, die das Innere des Freundes dem Freunde offenbaren. Die Frau aber behält ihr Geheimnis.« Besser lässt sich der Tatbestand einer *latenten Homosexualität* und vor allem die geheime Flucht vor der Frau eigentlich nicht beschreiben. »Du bist nur eine Stufe meines Aufstiegs zu Gott. Du bist dazu geschaffen, um verbrannt und verzehrt zu werden, nicht aber, um festzuhalten«, erklärt der Herrscher der »Stadt in der Wüste« (II 134; Nr. 29) von einem seiner »Frauenzimmer«, die er sich, gelangweilt, schließlich zur Braut erwählt (a. a. O., S. 133). R. ZELLER: L'homme et la navire de Saint-Exupéry, 9, anerkennt zwar den Unterschied derartiger Ansichten zur Auffassung etwa des Christentums, erklärt aber dennoch, dass eben an dieser Stelle »Saint-Exupéry ... seine Sehnsucht des Raumes mit der Liebe der Frau« zu versöhnen gewusst habe. Eine »Versöhnung«, die die Frau »verbrennt« wie eine Hexe, um im Rauch ihrer Vernichtung die eigene Seele zum Himmel zu erheben? Es gibt Stellen, an denen man EXUPÉRY verstehen muss, statt ihm zu glauben. Mit gewissem Recht verweist D. ANET: Antoine de Saint-Exupéry, 207 darauf, dass »die wahre Rolle, die Saint-Exupéry der Frau gegeben« habe, »das junge Mädchen« sei; aber statt darin das psychologische Problem – die Angst vor der erwachsenen Frau, die seelische Gehemmtheit eines verängstigten Kindes – zu sehen, geht er im Ernst so weit (S. 212), beruhigend zu erklären, dass die jungen Mädchen – zwar nicht »die Bestimmung der Männer aufsaugen«, »aber sie in ihrer strahlenden Reinheit, in ihrer schweigenden Liebe begründen«, um alsbald auf die »Helden« unter den Männern sprechen zu kommen.

99 EXUPÉRY: Der Kleine Prinz, 31.

100 Ebd., 30; 31.

101 Ebd., 62.

102 Gewiss wird man die »Zugluft« und den »Husten« als seelische »Erkältung« deuten müssen. Zu den psychogenen Störungen der Atmungsfunktion vgl. F. ALEXANDER: Psychosomatische Medizin, 1951, 99–104, der vor allem die seelische Abhängigkeit, das »Trennungstrauma« bei Erkältungen der Atemwege anspricht. Die ausgesprochen aggressive Bedeutung des »Hustens« ist geradezu sprichwörtlich.

103 EXUPÉRY: Der Kleine Prinz, 31.

104 Ebd.

105 Ebd. – »Rose, oh reiner Widerspruch, Lust/Niemandes Schlaf zu sein unter soviel/Lidern« lautet die Grabschrift, die R. M. Rilke selber für sich ersonnen hat. »Zeit seines Lebens ist die Rose, dieses alte abendländische Symbol der unio mystica, für Rilke ein Grund des Entzückens und der grübelnden Andacht gewesen.« H. E. Holthusen: Rilke, 163. Es ist das Epitaph eines Mannes, »der liebend nicht lieben kann« (a.a.O., 132), weil seine Beziehung zu den Mitmenschen immer wieder auf unglückselige Weise von der widersprüchlichen Bindung an die Mutter durchkreuzt wurde (a.a.O., 11–20). Dabei hatte Rilke in der 15 Jahre älteren Lou Andreas Salomé, der er 21-jährig begegnete und die ihm das erste vollgültige Erlebnis der Liebe schenkte, das Glück, »von einer gleichgestimmten und dennoch überlegenen Seele verstanden und geführt zu werden und in der Geliebten gleichzeitig die so schmerzlich entbehrte Muttergestalt gewahren zu dürfen« (a.a.O., 33); die Freundschaft zwischen Lou Salomé und Rilke währte ein Leben lang. Exupéry hingegen ist ein solches Glück nie geschenkt worden; zudem wehrte er sich, obwohl nicht sehr erfolgreich, weit energischer gegen den verweichlichenden Einfluss seiner Mutter und damit jeder Frau, freilich, wie wir sehen, um den Preis erheblicher Abspaltungen.

106 Exupéry: Der Kleine Prinz, 32.

107 Ebd.

108 Ebd., 34. – A. Heimler: Der kleine Prinz, in: Selbsterfahrung und Glaube, 216 konstatiert richtig, dass es den »kleinen Prinzen« überrascht, wenn die »Rose« diesmal die Schuld auf sich nimmt; aber er stellt den Sachverhalt auf den Kopf, wenn er in dieser Erklärung der »Rose« ein »freimütiges Liebesgeständnis« erkennt, das dem »kleinen Prinzen« Angst vor ihrer Nähe mache; es macht Schuldgefühle vor dem Weggehen, *das* ist das Gefährliche am Verhalten der »Rose«. Die vier Dornen der Rose als »Kreuzesbalken« und als eine »Liebe … in den vier Himmelsrichtungen des Bewusstseins« (S. 217) zu interpretieren, wie Heimler es vorschlägt, hat mit dem Text endgültig nichts mehr zu tun.

109 Exupéry: Der Kleine Prinz, 34.

110 Ebd. 93.
111 Exupéry: Briefe an seine Mutter, III 470.
112 Ebd., III 477.
113 Ebd., III 493.
114 Ebd., III 495.
115 Ebd., III 496.
116 Ebd., III 518.
117 Ebd., III 522.
118 Ebd., III 534.
119 Ebd., III 544.
120 Ebd., III 546–547.
121 Ebd., III 549.
122 So bes. R. M. Albéres: Saint-Exupéry (1946), 83: »Die Poesie des Fliegens ist bei Saint-Exupéry nicht bloß Betrachtung der Natur, sondern Kontakt mit den Naturgewalten.« – Ähnlich R. Delange: Antoine de Saint-Exupéry, in: R. Delange – L. Werth: Unser Freund Saint-Exupéry, 111–126. – C. Cate: Antoine de Saint-Exupéry. Sein Leben und seine Zeit, 143–158. – L. Wencelius: Saint-Exupéry der Freund, in: Romania, Bd. 1, Mainz 1948, 47–62, S. 52 erkennt in dem »Heldenleben der Luftforscher« sogar die »Ritter in den alten Sagen« wieder, die mit den »Drachen des Südatlantiks« kämpfen. Derartige Einschätzungen Exupérys folgen ganz und gar dem Mythos, den er selbst von sich geschaffen hat, – mit Erfolg ganz offensichtlich. Ähnlich äußert sich auch W. Kellermann: Antoine de Saint-Exupéry, in: Die Sammlung 2 (1947), Göttingen, S. 679–694; S. 683: »Gegen jenen Verzicht auf Sicherheit und Glück tauscht der Flieger sein Ethos des Kampfes … ein. Er gewinnt aber dafür auch die erhabene Versunkenheit nächtlicher kosmischer Einsamkeit, deren Größe der Dichter … mit den Ausdrücken des Märchens, der Legende und der Religion bezeichnet«. – Als ob die »Technik« auch des Fliegens nicht gerade darin bestünde, den Abenteurern das Handwerk zu legen und jeden Zufall durch exakte Planung auszuschalten! *Das* jedenfalls sollte die »Verantwortung« des Technikers sein.
123 Zur Gestalt des Eros vgl. R. von Ranke-Grafes: Griechische Mythologie. Quellen und Deutung, 1. Bd., 116. Zur Deutung des

Eros als Prinzip der Sehnsucht nach Unsterblichkeit im Menschen vgl. Platon: Symposion, 26. Kap., 207 a 5–208 b 6, Werke II 236–237.

124 S. o. Anm. 91; 98. – Wohl bemüht sich z. B. C. Cate: Antoine de Saint-Exupéry, 171–182 Exupérys Heirat (1931) und Ehe mit Consuelo Suncin, der Witwe des argentinischen Journalisten Gomez Carillo, in den romantischsten Worten zu schildern, aber es ist selbst in seiner Darstellung spürbar, dass die große Faszination der Liebe sehr viel mehr der Braut als dem Bräutigam zu eigen gewesen sein muss In den späteren Jahren zeigte sich, dass Consuelo, »in ihrer … wilden Phantasie« (Cate: a.a.O., 404) und in ihren Freundschaften zu einem erwählten Kreis berühmter Surrealisten im New Yorker Exil die strenge Unerbittlichkeit Exupérys nur schwer ertrug; man darf raten, wie lange die Beziehung zwischen beiden ohne den frühen Tod Exupérys Bestand gehabt hätte und wie lange sie überhaupt von Dauer hätte sein können, wenn Exupéry nicht durch die Fliegerei sein Leben gewissermaßen in ständigem Urlaub von seiner Familie hätte verbringen können. K. Rauch: Antoine de Saint-Exupéry. Mensch und Werk, 26 führt ein Gebet an, das Exupéry seiner Frau Consuelo in den Mund gelegt habe, und er sieht darin »ein schlichtes und reines Vertrauen zu Gott neben der innigen und ebenso reinen Liebe zwischen Mann und Frau« manifestiert (S. 25); aber das »Gebet« ist im Grunde eine Bitte an Consuelo, »jene alle gar nicht zu sehen, die er verachtet und ablehnt«, sowie ein Eingeständnis, dass »er zwar sehr stark zu sein scheint, sich aber immer allzusehr ängstigt …« »Herr erspare ihm bitte vor allem die Angst!« Zu dem Gottesbild Exupérys und seinem Verständnis vom Gebet s. u. Anm. 158; 159. – Zu der Art, wie Exupéry im »Südkurier« das (unglückliche) Verhältnis zwischen Bernis und Geneviève zeichnet und dabei offenbar autobiographische Erinnerungen an die Liebe zu seiner damaligen Braut Louise de Vilmorin (1922) verarbeitet, vgl. L. Estang: Saint-Exupéry, 23–25; 32–33; 46–47; C. Cate: Antoine de Saint-Exupéry, 63–68; wie wenig die »Rose« des »Kleinen Prinzen« mit Louise identisch sein kann, sagt Cate richtig, wenn er meint, die zwei Jahre jüngere Louise sei damals »für die Heirat noch nicht reif« gewesen

(78); das ist genau die umgekehrte Begründung, an der das Verhältnis des »Kleinen Prinzen« zu seiner »Rose« scheitert. – K. Rauch: a.a.O., 25 versucht die Frage, warum im »Kleinen Prinzen« die Welt der Frau keine Rolle spiele, mit den Worten zu klären: »Der Kinderseele des ›Kleinen Prinzen‹ steht die starre Erwachsenenwelt all der unterschiedlichen männlichen und ichverhafteten Beherrscher der besuchten Planeten gegenüber, die er alle sehr sonderbar und fremd empfindet, während er sich der organischen Weisheit der unbefangenen Kreatur, der Tierwelt, dem Fuchs, anschmiegsam vertraut fühlt und sich für ihn in der Rose, der zärtlich und scheu geliebten, der so sehnsuchtsvoll verehrten, alles gemüthaft Frauliche konzentriert: zu ihr flüchtet er schließlich auch wieder, nachdem der Erdplaner alle Wärme und liebende Vertrautheit vermissen lässt.« Das ist richtig und gut gesagt; aber es hüllt den Gegensatz ein, der in Exupéry selbst bestand und der ihn zugleich in Widerspruch zur Welt ringsum setzte, und es vernebelt den eigentlichen Punkt in der »Sehnsucht« nach dem »Fraulichen«: die zentrale Ambivalenz der Mutterbindung. Es nutzt nicht, Exupéry zu verklären, – es ist notwendig, ihn zu verstehen, um seine Größe ebenso wie seine Grenze zu begreifen.

125 Zu dem biographischen Zusammenhang des Fliegens mit dem Fluchtmotiv des »Ikarus« vgl. L. Estang: Saint-Exupéry, 32–33; 145: »Schon zu dieser Zeit (sc. 1926) kommt in seinen Briefen eine Saint-Exupérysche Traurigkeit zum Vorschein. Die Mystik der Fluglinie rettet ihn davor und verwandelt sie in Mitleid. Aber sobald das schöne Abenteuer der Fliegerei vorbei ist, bedient die Angst sich ihrer alten Maske.«

126 Auch das Bild des »Freundes« und »Kameraden« Exupéry folgt dem von Exupéry durch Wunsch und Willen geschaffenen Mythos. Tatsächlich muss selbst C. Cate: Antoine de Saint-Exupéry, 341 zugeben, dass der »Altersunterschied« zu den »Kameraden« die menschlichen Beziehungen erschwerte und Exupéry sich trotz »aller Bemühungen … als Außenseiter« fühlte. Zur Doktrin der »Kameradschaft« und »Gemeinschaft der Tat« bei Exupéry vgl. L. Estang: Saint-Exupéry, 73–81. Die Quintessenz dieser Haltung lautet: »Die Erfahrung lehrt uns, dass Liebe nicht

darin besteht, dass man einander ansieht, sondern dass man gemeinsam in die gleiche Richtung blickt.« Exupéry: Wind, Sand und Sterne, I 329. Offensichtlich verwechselt Exupéry hier die Liebe mit der Kameradschaft, bzw. er erklärt, dass er eine andere »Liebe« als die Suche nach Kameraden sich kaum vorstellen kann. Das Problem ist immer das gleiche: man kann die Menschen nicht lieben, wenn man sie (und sich!) durch den Heroismus der Tat überhaupt erst als Menschen hervorbringen will. Im »Flug nach Arras« (I 449–450) erklärt Exupéry überdeutlich den Zwiespalt von Selbstverachtung und ersehnter Freundschaft: »Der Beruf des Zuschauers war mir immer grässlich. Was bin ich, wenn ich nicht teilhabe? Um zu sein, muss ich teilhaben. Ich lebe von den wertvollen Eigenschaften der Kameraden … Und ich berausche mich an der Dichte ihrer Gegenwart … Nichts kann dieser Bruderschaft Abbruch tun.« So wollte Exupéry die Dinge. Aber war es auch wirklich so? Wohl meint E. A. Racky: Die Auffassung vom Menschen bei A. de Saint-Exupéry, 28: »Das Verbundensein des Tatmenschen mit allen anderen erfährt im Kreise der Flieger eine Vertiefung durch die Freundschaft und die Kameradschaft, die Saint-Exupéry in so reiner Form erlebte, dass er sie als wesentliche Werte für alle Menschen betrachtete.« Tatsächlich aber verwechselt Racky hier die Idee mit der Wirklichkeit. Wie grausam in Wahrheit die »Kameraden« sich bereits an dem Autor des »Nachtfluges« rächen konnten, zeigt L. Estang: Saint-Exupéry, 142–143. – Ja, selbst wenn Exupéry die nötige Wärme bei seinen »Kameraden« gefunden hätte, – er wäre außerstande gewesen, sie anzunehmen, stattdessen gilt seine Sehnsucht dem Unerreichbaren: »Mehr als ich selbst zu sein … Jene Liebe zu erfahren, die ich meinen Kameraden gegenüber empfinde, jene Liebe, die kein Antrieb von außen ist, die sich nicht ausdrücken will – niemals – außer höchstens beim Abschiedsmahl … Meine Liebe zur Gruppe hat nicht nötig, sich auszusprechen. Sie besteht aus nichts als Bindungen.« Exupéry: Flug nach Arras, I 451. Deutlicher lässt sich die Angst vor einer wirklichen (homosexuellen!) Bindung und deren Ersatz durch den Stolz des Verzichts kaum aussprechen.

127 Exupéry: Kriegsbriefe an einen Freund, III 175–176. – Richtig

erkennt A. Heimler: Der kleine Prinz, in: Selbsterfahrung und Glaube, 206 in dem Motiv des Fliegens eine »Losbewegung von der Mutter Erde aus eigener Kraft«; aber da er den »Kleinen Prinzen« stets »archetypisch« statt zunächst biographisch deutet, kommt er nicht auf das Nächstliegende: auf die Flucht vor der eigenen Mutter; stattdessen geht es nach Heimler um die Gegensätze des »Himmlischen« (Yang) und des Erdhaften (Yin).

128 Vgl. K. Stern: Die Flucht vor dem Weib. Zur Pathologie des Zeitgeistes, 191–193, der besonders auf den »manichäischen« Zug der Moderne verweist.

129 Zur Nähe Exupérys zu Nietzsche vgl. L. Estang: Saint-Exupéry 25–26, 86–87. Wie für Nietzsche sind auch für Exupéry »die Individuen ... nur Wege und Durchgänge«, Exupéry: Flug nach Arras, I 467. Das Ziel dieses »Weges« ist »der heroische Einzelmensch, der immer gesund und stark ist. Die heroische Auffassung sieht im Menschen stets den möglichen Helden ... Der *homme d'action* trägt ... deutliche Züge des ›Übermenschen‹.« E. A. Racky: Die Auffassung vom Menschen bei A. de Saint-Exupéry, 80. So sagt Exupéry: Flug nach Arras, I 484–485: »Ich kämpfe von nun an für den Vorrang des *Menschen* vor dem Individuum.« »Ich werde jeden bekämpfen, der mit der Behauptung, meine Nächstenliebe ehre die Mittelmäßigkeit, den *Menschen* leugnet und so das Individuum in einer endgültigen Mittelmäßigkeit gefangenhält. – Ich werde für den *Menschen* kämpfen. Gegen seine Feinde. Aber auch gegen mich selbst.« An solchen Stellen ist kein Unterschied zu Nietzsches »Fernstenliebe« mit all den Attitüden der Verachtung des wirklichen Menschen zu erkennen.

130 Zur Philosophie der Freiheit im Feld der radikalen Kontingenz bei J. P. Sartre vgl. E. Drewermann: Strukturen des Bösen, III 207–209; 213–218; 226–263; K. Stern: Die Flucht vor dem Weib, 89–102 analysiert den »Ekel« vor der Natur (und vor sich selbst) bei Sartre als Angst vor der Frau und meint: »Die Art und Weise, wie das Geschlechtliche bei Sartre immer den Beigeschmack des ›Besuches in einem gewissen Haus‹ hat, und wie es mit der Entwertung des Fraulichen Hand in Hand geht, erinnert an eine Art Pubertätssexualität, die so charakteristisch für eine

gewisse Literatur der vorhergehenden Generation zu sein scheint, von Nietzsche angefangen bis zu Lenin. In diesem Zusammenhang ist es interessant, dass die einzige Szene in Sartres ganzem Werk, die auf Liebe hinweist, sich in *Drôle d'Amitié* findet, wo ein Mann in den Armen seines Kameraden stirbt!« (A. a. O., 99) Die gesamte psychologische Struktur des Denkens: das aktionistische Streben nach der Überwindung der beschämenden Nichtigkeit des Ichs, die Angst vor der Frau (der Mutter), die (latent homosexuelle) Reduktion der »Liebe« auf (das Ideal der) Kameradschaft, die (ödipale) Gleichsetzung von Liebe und Tod, dazu noch die erstickende Mischung aus seelischer Überforderung und materieller Verwöhnung im Hintergrund des Erlebens lassen sich bei aller Unentschiedenheit der Temperamente und Akzentuierungen im Werk Nietzsches und Sartres ebenso nachweisen wie bei Exupéry. Zur Kindheit Sartres, der ebenfalls, wie Exupéry, ohne Vater in einer »fremden« Familie aufwuchs, vgl. W. Biemel: Sartre, 7–23, der vor allem das »Sich-verstellen-, Immer-artig-sein-, Sich-nach-den-Anderen-richten-Müssen« betont (20–21).

131 Vgl. J. P. Sartre: Der Intellektuelle und die Revolution, übers. u. eingel. V. I. Reblitz, Neuwied und Berlin (Luchterhand Bd. 30), 149–150. Zu der Mischung aus »Überheblichkeit und Bescheidung« bei Sartre vgl. W. Biemel: Sartre, 93–102.

132 Tatsächlich bedeutete das »Fliegen« für Exupéry nicht mehr und nicht weniger als die Rechtfertigung, auf der Welt zu sein. Vgl. L. Estang: Saint-Exupéry, 142–143, der vor allem das depressive Spiel mit dem Tod betont, das ab 1931, als Exupéry von der Aéropostale Abschied nahm, das Grundgefühl seines Lebens bildete und schon 1933 bei dem Unfall in der Bucht von Saint-Raphael zu gewissen suicidalen Reaktionen führte.

133 P. Federn: Über zwei typische Traumsensationen, in: S. Freud (Hrsg.): Jahrbuch der Psychoanalyse, VI 128 weist vor allem auf die phallische Bedeutung des »Fliegens« hin, die man von der subjektiven Erlebnisseite her mit den Gefühlsqualitäten männlicher Größe, rauschhafter Leistung und mystischer Vereinigung wiedergeben kann, also mit eben den Erlebnisinhalten, die Exupéry beim Fliegen so fasziniert haben. – R. Delange: Antoine de

Saint-Exupéry, in: R. Delange – L. Werth: Unser Freund Antoine de Saint-Exupéry, 129–131 zitiert die Rede, die Oberst Gelée beim Tod Exupérys gehalten hat: »Wer ihn nur aus der Ferne kennt, mag in ihm alles sehen: einen Dichter und Moralisten, einen Gelehrten, selbst einen Magier. Wir aber, seine Brüder, wissen es besser. Wir wissen, dass er vor allem Flieger war, Pilot, ein Wesen der Luft. Nicht um eitlen Ruhmes willen, nicht aus zurechtgelegten und weidlich ausgeschlachteten sozialen Bedenken. Sondern aus Berufung, aus Leidenschaft. Werden je literarische Kritiker das einmal begreifen?« (A. a. O., 130) Sie werden es begreifen, aber nur, wenn man dem Mythos von dem »Flieger« Exupéry einmal *nicht* Glauben schenkt, sondern versucht, den Menschen zu verstehen, der sich in sein Flugzeug flüchtete, um der Erde zu entrinnen. Oberst Gelée fährt fort: »Saint-Exupéry schuldet fast niemandem etwas. Seine ganze Einmaligkeit verdankt er seinem Leben und dem Handwerk, dessen heldische Epoche er miterlebt hat.« (A. a. O., 130) Gerade so *wollte* Exupéry sein: den anderen gebend, ohne zu empfangen, den anderen sich opfernd ohne Rücksicht auf das eigene Glück, die eigene Größe suchend im Kampf gegen sich selbst und die Mittelmäßigkeit des Durchschnitts. K. Rauch: Antoine de Saint-Exupéry, in: Gestalter unserer Zeit, Bd. 2, Oldenburg 1954, S. 154–166, S. 155 erklärt: »Fliegen bedeutete ihm (sc. Exupéry, d. V.) Aufbruch zu neuer Weltentdeckung. Dem Aufsteigen in die Lüfte – der Erfüllung dieses uralten, schon die griechische und germanische Sage beschäftigenden Menschheitstraumes – entsprach für sein Empfinden eine Steigerung aller im Menschen angelegten Möglichkeiten. Ihn schmerzte es, dass die Menschen fast durchweg zurückbleiben hinter ihren Anlagen.« Vgl. Ders., Antoine de Saint-Exupéry. Mensch und Werk, 53, wo das »Fliegen« als »Einswerden von Organismus und Maschine«, als unentwegtes Drängen nach vorn, als Erobern »völlig neuer Daseinsträume« geschildert wird. – Das schließt natürlich die dichterische Größe Exupérys bei der Beschreibung des Fliegens mit ein, die J. Roy: Passion de Saint-Exupéry, 27–36 zu Recht mit J. Conrads Beschreibung des Meeres und der Seefahrt vergleicht.

134 L. Séjourné: Altamerikanische Kulturen, 276 sieht in der »gefie-

derten Schlange« ein Bild sowohl für die aufgehende Sonne, den Himmel, den Geist (= Vogel) als auch für die Materie, die weiblichen Gottheiten der Erde, das Nichts und den Tod (die Schlange).

135 So z. B. in dem Grimmschen Märchen von der »Kristallkugel« (KHM 197), wo zwei Söhne einer Zauberin in einen Adler und einen Walfisch verwandelt werden; vgl. E. Drewermann – Ingritt Neuhaus: Die Kristallkugel. Grimms Märchen tiefenpsychologisch gedeutet, Bd. 6, Olten – Freiburg 1985.

136 Exupéry: Flug nach Arras, I 364.

137 Exupéry: Kriegsbriefe an einen Freund, III 176–177.

138 E. A. Racky: Die Auffassung vom Menschen bei Antoine de Saint-Exupéry, 26–38 entwickelt sehr eindringlich die Gestalt des Homme d'action, des Tatmenschen, der geformt wird durch die Widerstände, die ihn zwingen, über sich hinauszuwachsen, und der sich durch sein Tun bzw. durch die Verpflichtung, die ihm sein Tun auferlegt, mit den anderen als »Kameraden« verbunden fühlt. »Glück ist nicht das Ziel seines Strebens, sondern es ist ein Geschenk … wie die Schönheit.« (A.a.O, 31)

139 Exupéry: Die Stadt in der Wüste, Nr. 112, II 335. Oder a. a. O., Nr. 190, II 524: »… das allein existiert, was du zum Opfer bringst und bei dem du Gefahr läufst, es zu verlieren.«

140 Exupéry: Der Kleine Prinz, 74.

141 Exupéry: Die Stadt in der Wüste, Nr. 56, II 198.

142 Die meisten Biographen erzählen von einer überaus glücklichen Kindheit Exupérys, aber ohne sie zu schildern. R. Delange: Antoine de Saint-Exupéry, in: R. Delange – L. Werth: Unser Freund Saint-Exupéry, 7 z. B. berichtet von der Kindheit bis zu zehn Jahren nichts, außer dass Exupéry sich mit sechs Jahren schon an Versen versucht habe. Dasselbe schreibt K. Rauch: Antoine de Saint-Exupéry. Mensch und Werk, 23, der sich dabei auf die Information von Simone, der Schwester Exupérys, stützt und vor allem auf die enge Beziehung Antoines zu der Kinderfrau Paula Hentschel verweist. Aber keiner der Biographen hält es für nötig, die psychischen Hintergründe der frühkindlichen Entwicklung Exupérys ehrlich zu erörtern. M. de Crisenoy: Antoine de Saint-Exupéry, 11 greift auf, wie Antoine (vgl. Flug nach Arras, I

367–368) auf der Suche nach Zuwendung sich krank stellt, um von »Schwestern in weißen Hauben« umsorgt zu werden, aber sich nur um so mehr von den Schulkameraden ausgeschlossen fühlt; aber auch sie reflektiert dabei nicht die Aporie, die EXUPÉRYS ganzes Leben durchziehen wird: eine Liebe zu ersehnen, die er in der Schwäche nicht findet und in der Stärke nicht braucht. Die Ambivalenzen und Ausweglosigkeiten dieser Kindheitseindrücke werden, soweit ersichtlich, von keinem der Biographen ernsthaft analysiert. Immer wieder hört man statt dessen, wie bei H. G. NAUEN: Antoine de Saint-Exupéry: Leben und Werk, in: Stimmen der Zeit, 153, Bd. 153–154, 105: »Exupéry muss eine wundervolle traumhaftschöne Jugend verlebt haben, ein wahres Paradies der Unschuld und Glückseligkeit, aus dem ihm immer wieder unsichtbare Kraftquellen zuflossen, die ihn auch in den bittersten Augenblicken seines Lebens nie ganz verzweifeln ließen. Er ist selber ›der kleine Prinz‹, der wie ein Stern vom Himmel auf diesen Planeten gefallen ist.« Selbst L. ESTANG: Saint-Exupéry, 16–22, der im ganzen dem Werk EXUPÉRYS nicht unkritisch gegenübersteht, hält EXUPÉRY für »das glücklichste der Kinder«, das »in einem schönen Haus wohnt, sich in alten Parks tummelt, mit Begeisterung den Märchen zuhört, die Paula, das Tiroler Kindermädchen, erzählt, und über die mütterlichste der Mütter und blind ergebene Geschwister herrscht.« (S. 19) – Es ist wahr: EXUPÉRY hat sich immer wieder nach seiner Kindheit zurückgesehnt, also *muss* sie diese schönen Seiten *auch* gehabt haben, aber es will oder kann unter den Biographen offenbar keiner begreifen, dass eine solche »schöne Kindheit« eine Falle sein kann, indem sie die Macht hat, das ganze weitere Leben mit Angst und Melancholie zu vergiften und zugleich jenen verzweifelten Kampf gegen die mütterliche Erstickung einzuleiten, der den »kleinen Prinzen« in den »großen Qaid« verwandeln wird. J. C. IBERT: Antoine de Saint-Exupéry, 81 sieht den Sachverhalt eigentlich richtig, aber ohne ihn psychologisch zu durchdringen, wenn er schreibt: »Gegenüber der Aktion und der Mystik gibt es bei Saint-Exupéry den Mythos der Unschuld oder der wiedergefundenen Kindheit. – Seit seiner Kindheit fühlte Saint-Exupéry sich ›aus seiner Kindheit verbannt‹, und in seinen Werken beschwört er oft mit dem Gefühl des Heimwehs diese Jahre der Sorglosigkeit«; umgekehrt sieht er in dem »Kleinen Prinzen« mit seiner Verachtung der großen Leute ein Double Exupérys selber. Wie selbstverständlich wird dabei aber der Widerspruch, der in der Kindheit Exupérys und damit in ihm selber lag, der »bösen Welt« zur Last gelegt und das Kind Exupéry dagegen verteidigt. Die Gefahr ist groß, dass dabei nur die eigenen Kindheitswünsche, die eigenen unerfüllten Träume und die Enttäuschungen am Leben in den »Kleinen Prinzen« hineingelesen werden, und es wird aus diesem wunderbaren Märchen dann leicht eine Bibel für Frustrierte. In Wahrheit muss man begreifen, welche Gefahr gerade die »Sorglosigkeit«, sprich: die Überverwöhntheit einer vaterlosen Kindheit Exupéry bereiten musste. Wie energisch, aber auch wie mühsam Exupéry noch als 40-Jähriger sich gewisse Teile seiner kindlichen Verwöhntheit abzuzwingen versuchte, schildert er selber im »Flug nach Arras«, I 385: »dieses Verlassen des Bettes war, als risse ich mich aus den Armen der Mutter, aus dem mütterlichen Schoß, aus allem, was in den Jahren der Kindheit einen kindlichen Körper zärtlich liebt, streichelt und hegt.« Die psychologische Schwierigkeit liegt offenbar darin, zu verstehen, dass eine gewisse Art von Überversorgung, Verwöhnung und Verzärtelung nicht weniger neurotisierend wirken muss als eine übergroße Strenge und Härte. Die Spannungen, die von Anfang an in Exupérys Entwicklung angelegt waren, versteht man jedenfalls nicht, wenn man, wie gewöhnlich, dem »kleinen Prinzen« die unverständige Welt der »großen Leute« gegenüberstellt und damit den Konflikt in ihm selber externalisiert, man lässt sich dann lediglich von dem gewinnenden Wesen des »Sonnenkönigs«, der Exupéry *auch* war, zur bloßen Legendenschreiberei verführen, oder man verurteilt sich zu einem Haufen unbeantwortbarer Fragen. Wie sehr in Wirklichkeit die »heroische Auffassung vom Menschen« bei Exupéry dem Nachweis diente, kein Muttersöhnchen zu sein, zeigt er selber in »Wind, Sand und Sterne« (I 238–239), wo er noch ein halbes Menschenalter später seiner alten Haushälterin, dem Fräulein Sophie, vorhält, wie unrecht sie mit all ihren überfürsorglichen Ängsten und Mahnungen hatte: »Weißt du, dass es

Wüsten gibt, in denen man in kalter Nacht im Freien schläft, ohne Dach, Tantchen, ohne Bett und ohne Laken?« Und doch sehnt EXUPÉRY sich im gleichen Augenblick wieder in seine »schöne« Kindheit zurück, nach seiner Mutter, nach dem Kindermädchen Paula; vgl. R. ZELLER: La vie secrète d'Antoine de Saint-Exupéry ou la parabole du petit prince, 39–40.

143 EXUPÉRY: Die Stadt in der Wüste, Nr. 55, II 196–197.

144 Ebd., Nr. 25, II 123.

145 Ebd., Nr. 126 II 372. – Im »Flug nach Arras« (I 480) erklärt EXUPÉRY mit entwaffnender Offenheit: »Die Würde des Individuums verlangt, dass er durch die Freigebigkeiten eines anderen nicht geknechtet wird.« Und umgekehrt (a.a.O., I 454): »Ich bin nur dem verbunden, den ich beschenke.« – G. PELISSIER: Introduktion à la lecture de »Citadelle«, Œuvre posthume de Saint-Exupéry, in: Synthèses 6 (1951), 292–307, S. 306 erklärt zwar, um die Einstellung EXUPÉRYS zu rechtfertigen: »Wenn ich suche, habe ich gefunden, denn der Geist sehnt sich nur nach dem, was er besitzt. Finden ist sehen. Und wie würde ich etwas suchen, das für mich nicht schon Empfindung hätte?« Aber das ist PASCAL (Pensées, Nr. 555, S. 247), nicht EXUPÉRY, und es stimmt nur, wenn man es, wie PASCAL, auf das absolute Verlangen des Menschen nach Gott bezieht; es ist absolut falsch, wenn man den gleichen Satz auf das Verhältnis zwischen Mann und Frau bezieht; außerdem wollte PASCAL mit seinem Satz die metaphysische Angst des Menschen beruhigen (»beunruhige dich also nicht!«), während EXUPÉRY mit seinem künstlichen Theorem gerade die Angst vor jeder Art weiblicher Nähe und die Verherrlichung des opferbereiten »Suchens« rechtfertigte.

146 EXUPÉRY: Der Kleine Prinz, 72.

147 Ebd., 70. – Es sind dieselben Worte wie über »die jungen Mädchen« in den Briefen an Lucie-Marie Decour, III 32.

148 Vgl. F. SCHILLER: Über Anmut und Würde (1793), in: F. Schiller: Werke, hrsg. v. P. Stapf, 2 Bd., Wiesbaden o.J., Bd. II 505; 526.

149 E. RACKY: Die Auffassung vom Menschen bei Antoine de Saint-Exupéry, 81–82 schreibt z. B. zu EXUPÉRYS »Nachtflug«: »Rivière will, dass der Mensch über sich hinauswachse. Diese Auffassungen kommen von Friedrich Nietzsche her … Der Chef verlangt

von seinen Fliegern, dass sie sich einem gemeinsamen Werke völlig unterordnen. Das Werk ist alles und wird die Menschen überdauern. Es gibt den Männern Anteil an der Ewigkeit. Rivière fordert Hingabe, Opfer, Verzicht und Tod für dieses Werk. Er fragt niemals danach, ob sein hartes Verlangen ein menschliches Glück zerstöre. Für den Chef, d. h. für Saint-Exupéry, gilt zur Zeit des Erscheinens von *Vol de Nuit* der Satz: ›L'action brise le bonheur.‹ Es ist nicht verwunderlich, dass gewisse Kritiker in dem jungen Saint-Exupéry einen Faschisten gesehen haben.« RACKY sucht diese Kritik zu entschärfen mit dem Hinweis, dass es für EXUPÉRY »etwas Dauerndes im Menschen« gebe. Was denn? – wenn der Mensch sich nur durch die Tat begründet und es »Glück, Vollendung und Frieden« nach EXUPÉRY »nur im Tod« geben kann (RACKY: a.a.O., 86)? Es ist wahr, dass EXUPÉRY schon in »Wind, Sand und Sterne« den von NIETZSCHE geprägten Heroismus durch christlich-soziale Attitüden der Verantwortung, die er auch »Liebe« nannte, ergänzt hat. Aber was für eine voluntaristische und verkrampfte Lügelei wird aus der Liebe, wenn EXUPÉRY noch im »Flug nach Arras« (I 484) erklärt: »Du musst mit dem Opfer beginnen, um die Liebe zu gründen. Dann mag die Liebe andere Opfer erbitten und sie für alle Siege einsetzen. Der Mensch muss immer den ersten Schritt tun. Er muss *ent*stehen, bevor er *be*steht.«

150 EXUPÉRY: Die Stadt in der Wüste, Nr. 208, II 322. – Vgl. III 489 die Schilderung einer Hinrichtung.

151 F. NIETZSCHE: Also sprach Zarathustra, 4. Teil, Das Zeichen, S. 252.

152 EXUPÉRY: Nachtflug, I 154: »Er (sc. Rivière d. V.) war in seinem Denken bis an jene Grenze gelangt, wo sich die Frage nicht nach einem kleinen privaten Weh, sondern nach dem Sinn der Tat, der Aktivität selber erhebt. Es war für ihn nicht die Frau Fabiens, die ihm gegenüberstand, sondern eine andere Lebensauffassung. Er konnte nichts tun, als sie anhören, sie bemitleiden, diese kleine Stimme, diesen so traurigen, aber feindlichen Laut; denn weder die Welt der Tat noch die Welt persönlichen Glücks können sich auf Teilung einlassen, sondern stehen im Widerstreit. Auch diese Frau sprach im Namen einer absoluten Welt und ihrer Rechte

und Pflichten: Welt freundlichen Lampenscheins über abendlichem Tisch, Welt eines Körpers von Fleisch und Blut, der Anspruch erhebt auf den andern, geliebten Körper, Heimatbereich von Hoffnungen, Zärtlichkeiten, Erinnerungen. Sie forderte ihr Wohlergehen und sie hatte recht. Und auch er, Rivière, hatte recht ...« A.a.O., S. 155: »Im Namen wessen (fragt sich Rivière, d. V.) habe ich sie ... ihrem privaten Glück entzogen? Ist es nicht erstes Gesetz, solches Glück zu behüten? – Und dennoch: eines Tages, unvermeidlich, schwinden diese goldenen Glücksbereiche ohnedies (sic!) dahin wie Luftspiegelungen. Alter und Tod zerstören sie unbarmherziger als ich. Vielleicht gibt es etwas anderes, Dauerhafteres, das es zu bewahren gilt? Vielleicht (sic!) ist es *dieser* Teil des Menschen, um dessentwillen ich arbeite?« – Bei allem Respekt vor Exupéry muss man sagen: so zu philosophieren streift ungewollt die Grenze des Zynismus. Vgl. »Nachtflug« I 161–163. – Gleichwohl gibt es Autoren, die sich verpflichtet fühlen, Exupéry auch in diesem Punkt noch zu übertreffen; so, wenn G. Gehring: Der heroische Humanismus bei Exupéry, in: Die lebenden Fremdsprachen 2 (1950), H. 5, S. 129–136, S. 34 meint: »Nein Rivière ist nicht herzlos. Er denkt, dass Mitleid etwas Gutes ist. Doch leider, auf das Ziel allein kommt es an (sic!), und um es zu erreichen, muss man das Übel treffen, wo es sich zeigt. Vor allem nicht schwach werden! ... Der Vorgesetzte gebietet den Ereignissen, selbst wenn er gezwungen sein sollte, Menschen zu zermalmen.« Es ist erstaunlich, dass so etwas fünf Jahre nach dem Untergang des Dritten Reiches in Deutschland geschrieben werden konnte. Aber selbst Autoren wie J.-C. Ibert: Antoine de Saint-Exupéry, 28 greifen zustimmend Rivières »Philosophie« auf: »Der Wert eines jeden unserer Schritte wird im Verhältnis stehen zu der Anstrengung, die wir aufzubringen haben, um von uns selber loszukommen«, und a.a.O., 30: »Welch ein Motiv kann man geltend machen, um diese Absage an das irdische Glück zu rechtfertigen? Es ist die Ewigkeit, die Suche nach dem Absoluten, der Sieg über die Todesfurcht ... Unterschiedslos gegenüber der Gerechtigkeit oder der Ungerechtigkeit verleiht Rivière dem menschlichen Stoff eine Seele«; die Konsequenz (S. 31): »Er selbst (sc. Fabien, der auf Befehl

Rivières »sich opfert«, d. V.) existiert nicht«! A.a.O., S. 56: »Das, was für sie wichtig ist, ist der Weg und nicht die Erreichung des Ziels.« Zu Recht fragte demgegenüber H. G. NAUEN: Antoine de Saint-Exupéry: Leben und Werk, in: Stimmen der Zeit, 153. Bd., 1953–1954, 104–115, S. 109: »Was lässt sich denn schließlich von der unbestimmten Vorstellung Rivières her gegen die Schandlager unserer Zeit sagen, wo Millionen einem ›fragwürdigen Ziel‹ geopfert werden?« – 1932 schon meinte CLIFTON FADMAN von den »faschistischen Begriffen« und dem »fieberhaften Heroismus«, die sich bei EXUPÉRY im »Nachtflug« zur Tugend verklärten, »dass Saint-Exupéry zugegebenermaßen beredte Vergötterung des bloßen Willens und der Kraft geradewegs zu Treitschke und dem Größenwahn des Duce führt … Dies ist … ein gefährliches Buch, … weil es eine verderbliche Idee feiert, indem sie sie als romantisches Gefühl darstellt.« Zit. nach C. CATE: Antoine de Saint-Exupéry, 208, der vergeblich versucht, EXUPÉRY vor dieser Kritik zu schützen. Wenn H. G. NAUEN: a.a.O., 112–113 demgegenüber die Wandlung EXUPÉRYS zu stärker christlichen Gedanken hervorhebt, so trifft dieser Einwand nur begrenzt zu. Auch der »Flug nach Arras« wurde von A. BRETON (einem Freund von Exupérys Frau Consuelo!) nicht ganz zu Unrecht ebenso verurteilt wie von ALEXANDRE KOYRÉ, der das Buch »›faschistisch‹ in seiner Haltung« fand, »während er das zugrundeliegende Gedankengut als ›paternalistisch‹ und ›reaktionär‹ abtat.« C. CATE: Antoine de Saint-Exupéry. Sein Leben und seine Zeit, 405. Selbst von der »Stadt in der Wüste« meinte A. FABRI: Versuch über Exupérys ›Citadelle‹, in: Merkur 5 (1951), 896–900, S. 900: »Wie Saint-Exupéry die Not in den Rat, fälscht er das Monologische ins Dialogische um.« »Eine Art *bona fide* betriebene Falschmünzerei.« Vor allem die »theatralisch peinliche Melodie«: »Je suis le chef. Je suis la maître. Je suis le responsable«, nennt er zu Recht, »magistralapodiktisch«. »Dass nicht wenige Saint-Exupéry diese seine Niederlage als Sieg anrechnen werden – im Fall des *Kleinen Prinzen* eigentlich sogar bereits geschehen –, steht auf einem anderen Blatt.« Richtig resümiert L. ESTANG: Saint-Exupéry, 89: »Das Antlitz des schöpferischen Willens, der Menschen formt, ähnelt im Werk Saint-Exupérys zu sehr dem Gesicht des

Willens zur Macht, ob wir ihm bei Rivière begegnen oder beim Kaid ... Es hat die Härte des Gärtners, der den Baum beschneidet und die benachbarten Bäume fällt, wenn es nötig ist, das sehe ich wohl ... Aber der Mensch ist kein Baum.« »Saint-Exupéry will die Menschen retten, aber nicht, weil jeder von ihnen etwas Unersetzliches darstellt: um der Gattung willen bezieht Saint-Exupéry ›den Standpunkt des Gärtners‹«. Vgl. Exupéry: Wind, Sand und Sterne, I 199, wo Exupéry das Sterben seiner Kameraden mit dem Umsturz großer Bäume vergleicht; s. I 339. Freilich hat auch R. Zeller: L'homme et la navire de Saint-Exupéry, 83 recht: es ist eine »bewundernswerte Definition des Menschen«, zu erklären: »Der Baum – das ist die Nacht, die langsam sich vermählt mit dem Himmel.«

153 E. Drewermann: Das Tragische und das Christliche, in: Psychoanalyse und Moraltheologie, 1. Bd.: Angst und Schuld, Mainz 1982, 17–78, S. 39 ff.

154 Exupéry: Nachtflug, I 173–174.

155 W. Krickerberg: Altmexikanische Kulturen, 193–194; P. J. Schmidt: Der Sonnenstein der Azteken, 9–12. – Der Vergleich mit den Vorstellungen indianischer Kulturen ist übrigens Exupéry: Nachtflug, I 156 selbst gekommen, indem er Rivière denken lässt: »Lieben, nur lieben – was für eine Sackgasse!« Rivière hatte die dunkle Empfindung von einer Pflicht, höher als Liebe. Oder vielleicht handelte es sich auch um ein Liebesgefühl, nur so ganz anderer Art. Ein Satz kam ihm in den Sinn: ›Es handelt sich darum, sie unsterblich zu machen ...‹ Wo hatte er das gelesen? ›Was man für sich selber erstrebt, stirbt.‹ Das Bild eines Tempels kam ihm in den Sinn. Tempel des Sonnengottes der alten Inkas von Peru. Diese steilen Blöcke hoch im Gebirge. Was wäre ohne sie verblieben von einer Kultur, so machtvoll, dass selbst ihre Trümmer noch wie ein Vorwurf lasten auf den Menschen von heute? ›Im Namen welcher Härte oder welcher seltsamen Liebe zwang der Führer der Völker von einst seine Massen dazu, diesen Tempel ins Gebirge hinaufzuschleppen und ihre eigene Unvergänglichkeit hier aufzurichten? ... *Die* Art Glück‹ ... Der Führer der Völker von einst – wenn er auch vielleicht kein Mitleid hatte mit dem Leiden des Menschen, so hatte er doch unendliches Mit-

leid mit seinem Tode. Nicht mit dem Tod des einzelnen, aber Mitleid mit der Gattung und ihrem Dahinschwinden in einem Meer von Sand. Und so ließ er sie wenigstens Steine aufrichten, die die Wüste nicht verschlingen könnte.«

156 F. Nietzsche: Also sprach Zarathustra, 4. Teil, Das Lied der Schwermut, Nr. 3, S. 229–230: »… Gram allen Lamms-Seelen, / Grimmig-gram allem, was blickt / Schafsmäßig, lammäugig, krauswollig, / Grau, mit Lamms-Schafs-Wohlwollen!« So beschaffen ist die Philosophie der »Adlernaturen«, der »Flieger«.

157 Exupéry: Die Stadt in der Wüste, Nr. 108; II 326.

158 Ebd., Nr. 81, II 264. – E. A. Racky: Die Auffassung vom Menschen bei A. de Saint-Exupéry, 86 erklärt richtig: »Der Gott Saint-Exupérys ist … nicht der Gott der christlichen Offenbarung. Da der Dichter im Grunde kein gläubiger Christ ist, sieht er Gott lediglich als Spitze einer Hierarchie, der auf einer niederen Stufe auch der Mensch angehört. Der Gedanke einer Offenbarung widerstrebt Saint-Exupéry, da er ein Herabsteigen Gottes auf die Ebene des Menschen als Verweltlichung des Schöpfers betrachtet. Es erklärt sich hieraus, dass Jesus Christus im Werke Saint-Exupérys keinen Platz findet.« – L. Werth: Wie ich ihn gekannt habe …, in: R. Delange – L. Werth: Unser Freund Saint-Exupéry, 152–153 erklärt in seinem Kommentar zur »Stadt in der Wüste«: »Dieser Gott lässt sich nicht greifen. Auf Gebet antwortet er mit Schweigen … Er ist kein bequemer Gott, der es etwa duldete, dass man sich im Glauben behaglich und ruhig einrichte und … ausruhe … Ein tief verankertes christliches Gefühl (er betont immer wieder, dass seine Zivilisation auf christlichem Grund ruhe) steht neben einer unerbittlichen Auffassung vom Reiche, in dem man auf Posten eingeschlafene Wachen unbarmherzig füsiliert.« – P. Chevrier: Saint-Exupéry, 119 vergleicht die Gottesvorstellung Exupérys mit der Ansicht, die J. P. Sartre: Der Teufe und der liebe Gott, in: Gesammelte Dramen, 360 vertrat: »Du siehst diese Leere zu unseren Häuptern? Diese Leere ist Gott. Du siehst die Öffnung in der Tür? Ich sage dir, sie ist Gott. Du siehst dieses Loch in der Erde? Gott. Das Schweigen ist Gott. Die Abwesenheit ist Gott, die Verlassenheit der Menschen ist Gott.« Tatsächlich ähnelt Exupérys Standpunkt dem Existen-

tialismus Sartres mehr als dem Christentum (s. o. Anm. 130); aber Exupéry, wenn er die Einsamkeit »Gott« nannte, fühlte sich auf eine gewisse Weise religiös, während Sartre sich religiöse Attituden schlechterdings verbot.

159 Vgl. Exupéry: Die Stadt in der Wüste: Nr. 73, II 243: »Hartnäckig stieg ich Gott entgegen, um ihn nach dem Sinn der Dinge zu fragen und mir von ihm erklären zu lassen, wohin der Austausch führe, den man mir hatte auferlegen wollen. – Doch auf dem Gipfel des Berges gewahrte ich nur einen schweren Block aus schwarzem Granit, – und das war Gott.« Zu Recht meint L. Estang: Saint-Exupéry, 127–129 von diesem »Gott«: »Ist er wenigstens der Gott der Philosophen? Nicht einmal das, denn seine Transzendenz ist Täuschung. Er schwebt in der Immanenz. Er ist nicht vor dem Menschen vorhanden: er wird vom Menschen projiziert. Er ist Sehnsucht nach dem Göttlichen, die sich selbst den Gegenstand ihrer Anbetung schafft.« »Auch für den Humanismus Saint-Exupérys ist ›Gott gestorben‹, aber statt es auszusprechen und sich zu bemühen, ihn, wenn irgend möglich, zu ersetzen, gibt er gerade den Zeichen des Todes: dem Schweigen und der Abwesenheit, den Namen Gottes. Das heißt ›beim Warten auf Godot‹ handeln.« – Insofern hat J. C. Ibert: Antoine de Saint-Exupéry, 109 nur begrenzt recht, wenn er meint: »Als Erbe von Pascal und Nietzsche ist es Saint-Exupéry gelungen, den Christianismus des einen und den Atheismus des anderen hinter sich zu lassen. Die Formel Nietzsches (richtiger: Hegels, d. V.) ›Gott ist tot‹, setzt er eine andere Formel entgegen: ›Gott ist Schweigen‹.« (Vgl. o. Anm. 145) – Das klarste Wort Exupérys zu seiner Vorstellung von »Gott« findet sich in den »Carnets«, wo er nach einer langen Aufzählung der Widersprüche des Christentums (seine intellektuelle Unredlichkeit, seine polemische Abwehr der »Ungläubigen«, sein konservativer Eigentumsbegriff, der den Evangelien widerspricht, sein apodiktischer Dogmatismus usw.) knapp und bündig notiert: »Was kümmert es mich, ob Gott nicht existiert: Gott verleiht dem Menschen etwas Göttliches.« (III 255) M. a. W.: man muss von »Gott« sprechen, um »das vollkommene symbolische Fundament des zugleich Unzugänglichen und Absoluten« zu bezeichnen (III 256). Im

»Flug nach Arras« (I 474) erklärt EXUPÉRY ganz offen, dass er im Grunde den Begriff des (christlichen) Gottes unter dem Namen »Gott« durch den »Menschen« ersetzt: »Ich verstehe den Ursprung der Bruderschaft der Menschen. Die Menschen waren Brüder in Gott ... Meine Kultur, ein Erbe Gottes, hat die Menschen zu Brüdern im *Menschen* gemacht.« Was bleibt, ist ein sinnentleertes Erbe der katholischen Kirche: Autorität, Ritus, Zeremoniell und Opfer. »Saint-Exupéry war ein Gottsucher, ein ›Hungernder nach dem Brot der Engel‹«, schreibt M. WICKI-VOGT, die Übersetzerin von M. DE CRISENOY: Antoine de Saint-Exupéry, 5; das ist wahr, aber EXUPÉRY war ein Sucher, der Angst hatte, sich finden zu lassen, und ein Hungernder voller Angst, überfüttert zu werden.

160 EXUPÉRY: Die Stadt in der Wüste, Nr. 213, II 623.

161 Ebd., Nr. 2, II 27–28.

162 Vgl. F. NIETZSCHE: Der Wille zur Macht, Nr. 1062, S. 692: »Die Welt, wenn auch kein Gott mehr, soll doch der göttlichen Schöpferkraft, der unendlichen Verwandlungs-Kraft fähig sein.« A.a.O., 1061, S. 692: »Die beiden extremsten Denkweisen – die mechanistische und die platonische – kommen überein in der ewigen Wiederkunft: beide als Ideale.«

163 Vgl. F. NIETZSCHE: Also sprach Zarathustra, 4. Teil, Der Zauberer, S. 192–194, das erschütternde Gedicht »Wer wärmt mich, wer liebt mich noch?«

164 Vor allem G. LUKACZ: Die Zerstörung der Vernunft, 3 Bde. Bd. 2, 100–195 sah gerade in dem von NIETZSCHE inaugurierten Irrationalismus der Weltbetrachtung den geistigen Grund für die faschistische Ideologie.

165 EXUPÉRY: Brief an einen General, III 229. – Das hinderte freilich die Biographen nicht, gerade den Tod EXUPÉRYS in den Mythos ihres »Helden« einzubeziehen. J. ROY: Passion de Saint-Exupéry, 68–69 z. B. berichtet selbst von der Angst und Verzweiflung, die um 1943 das Leben EXUPÉRYS bestimmten; aber – wie üblich in den Legenden und Sagen – werden alle Widersprüche in das Verhältnis zwischen Held und Umwelt hineingelegt: das Schicksal Frankreichs und der Zustand der Menschheit müssen der Grund für EXUPÉRYS Einsamkeit und Niedergeschlagenheit gewesen

sein. In Wahrheit lebt die Verzweiflung stets in einem Menschen selbst, und sie benutzt die Umstände, so beklagenswert sie objektiv auch sein mögen, nur als Vorwand, Tarnung oder Anlass ihres Auftretens. Es mag sich bei der Jahresfeier der Landung in der Normandie für französische Ohren gut anhören, wenn Roy: a.a.O., 85 erklärt: »wenn man die Definition akzeptiert, die, glaube ich, Bernanos von einem Helden gegeben hat: ein Mensch, der wenigstens einmal in seinem Leben den Tod der Ehrlosigkeit vorzieht«, so sei Exupéry ein Held bzw. ein »Ritter« (S. 86) gewesen; aber es ist am Ende fast makaber, wenn Roy (S. 42) uns in die Situation der Emmaus-Jünger versetzt, denen erst durch den Tod ihres Meisters die Augen aufgetan wurden, und uns den Gedanken nahezubringen sieht, dass gerade der frühe Tod Exupérys bzw. »die Reinheit dieses Todes« (S. 43) die Glorie seines Lebens bzw. seiner »Legende« ausmache.

166 Vgl. L. Estang: Saint-Exupéry, 28 verweist zu Recht auf die Doppelnatur Exupérys: »Man muss sich damit abfinden: Saint-Exupéry ist zugleich der kleine Prinz und der große Kaid. Welchem von beiden gehört seine Neugier? Das Herz dem einen, der Kopf dem anderen? Ich weiß es nicht. Jedenfalls ist es diese Dualität, die ihn ganz zum Ausdruck bringt.« Vgl. a.a.O., 22.

167 So der Titel eines Buches von G. Rohrmoser: Die metaphysische Situation der Zeit. Ein Traktat zur Reform des religiösen Bewusstseins, Stuttgart-Degerloch 1975, der freilich in rein hegelianischem Sinne »die Erneuerung der christlichen Substanz durch eine revolutionäre Verwandlung ihrer dogmatischen, ethischen, politischen und soziologischen Gestalt« fordert.

168 Vgl. zur Auslegung des Menschenbildes in der jahwistischen Schöpfungs- und Sündenfallerzählung E. Drewermann: Strukturen des Bösen, I 91–97.

169 So F. Werfel: Was ein jeder sogleich nachsprechen soll, in: Das lyrische Werk, 276–277: »Niemals wieder will ich / Eines Menschen Antlitz verlachen. / Niemals wieder will ich / Eines Menschen Wesen richten. / Wohl gibt es Kannibalen-Stirnen. / Wohl gibt es Kuppler-Augen. / Wohl gibt es Vielfraß-Lippen. // Aber plötzlich / Aus der dumpfen Rede / Des leichthin Gerichteten, / Aus einem hilflosen Schulterzucken / Wehte mir zarter Linden-

duft / Unserer fernen seligen Heimat, / Und ich bereute gerissenes Urteil. // Noch im schlammigsten Antlitz / Harret das Gott-Licht seiner Entfaltung. / Die gierigen Herzen greifen nach Kot – / Aber in jedem / Geborenen Menschen / Ist mir die Heimkunft des Heilands verheißen.«

170 So Exupéry: Die Stadt in der Wüste, Nr. 9, II 59; Nr. 65, II 217, Nr. 75, II 243 u. ä.

171 Vgl. z. B. B. S. Morenz: Altägyptischer Jenseitsführer. Papyrus Berlin 3127. Mit Bemerkungen zur Totenliteratur der Ägypter, Leipzig 1964, 13: die 14. Stätte im Totenreich (Totenbuch Kap. 149), die von einer riesigen gewundenen Kobra erfüllt wird, welche den Nil symbolisiert, trägt den Namen: »Stätte von Alt-Kairo im Westen des Himmels«. »Es sei … hervorgehoben, dass in diesem Falle ein irdischer Ort in den Himmel versetzt ist gleich dem ›himmlischen Jerusalem‹ der Bibel.« Ca. 1200 v. Chr.

172 V. Ions: Ägyptische Mythologie, 85; Abb. 42; 43; 54; 74; 75.

173 Vgl. B. Pasternak: Doktor Schiwago, 589, wo Lara zu Jurij Schiwago sagt: »Das Rätsel des Lebens, das Rätsel des Todes, der Zauber des Genius, der Zauber der Nacktheit, das alles haben wir verstanden. Was aber die kleinlichen Geschäfte der Welt, die Umgestaltung des Erdballs etwa, anbelangt, so müssen wir bedauern, dass sie unsere Sache nicht sind.«

174 Von den Ägyptern übernahmen die Grundidee der Unsterblichkeit die griechischen Philosophen, vor allem Platon, dessen Denken darin gewiss ein ewiges Recht besitzt. »Denn wir sehen jetzt (nur wie) mittels eines Spiegels in rätselhafter Gestalt, dann aber von Angesicht zu Angesicht. Jetzt ist mein Erkennen Stückwerk, dann aber werde ich völlig erkennen, wie auch ich völlig erkannt worden bin. Nun aber bleibt Glaube, Hoffnung, Liebe, diese drei; am größten aber unter diesen ist die Liebe.« 1 Kor 13, 12–13.

Verzeichnis der zitierten Literatur
(zitiert stets nach der letztgenannten Ausgabe)

1. Zitierte Schriften von Saint-Exupéry zit. nach: Gesammelte Schriften in 3 Bden., München (dtv 5959) 1978.

Courrier Sud (1928); dt.: Südkurier, übers. v. P. Graf v. Thun-Hohenstein, I 7–103.

Vol de Nuit (1931); dt.: Nachtflug übers. v. H. Reisiger, I 105–174.

Terre des Hommes (1939); dt.: Wind, Sand und Sterne, übers. v. H. Becker, I 175–340.

Pilote de Guerre (1942); dt.: Flug nach Arras, übers. v. F. Montfort, I 34 –487.

Le petit Prince (1943); dt.: Der Kleine Prinz, mit den Zeichnungen des Verfassers, übers. v. G. u. J. Leitgeb, I 489–579; zit. nach der Ausg. Düsseldorf (Karl Rauch Verlag) 1956.

La citadelle (1948); dt.: Die Stadt in der Wüste, übers. v. O. v. Nostiz; 2. Bd. der Ges. Schriften.

Kriegsbriefe an einen Freund (1940), übers. v. O. v. Nostiz, III 167–180.

Brief an einen General (1943), III 221–230.

Carnets (1936–1944), III 239–357.

Briefe an L.-M. Decour (1927/29), III 379–398.

Briefe an seine Mutter (1910–1944), III 447–550 (jetzt in Herder/Spektrum).

2. Bücher und Aufsätze über Saint-Exupéry

R. M. Albérès: Saint-Exupéry (Bibliothèque de l'aviation 1) Paris 1946.

D. Anet: Antoine de Saint-Exupéry. Poète – Romancier – Moraliste; préface du Générale Davet, Paris 1946.

C. Cate: Antoine de Saint-Exupéry, his life and times, 1970; dt.:

Antoine de Saint-Exupéry. Sein Leben und seine Zeit; übers. v. W. Hasenclever, Zug – Düsseldorf 1973.
P. Chevrier: Saint-Exupéry (la bibliothèque idéale 2), Paris 1958
M. de Crisenoy: Antoine de Saint-Exupéry. Poète et Aviateur, Paris ; dt.: Antoine de Saint-Exupéry. Mensch, Dichter und Pilot, übers. v. M. Wicki-Vogt, Luzern 1964.
R. Delange – L. Werth: La vie de Saint-Exupéry; dt.: Unser Freund Saint-Exupéry, übers. v. J. Pech; Bad Salzig – Düsseldorf 1952; R. Delange: Antoine de Saint-Exupéry, S. 5–136; L. Werth: Wie ich ihn gekannt habe ..., S. 137–192.
L. Estang: Saint-Exupéry par lui même, Paris 1958; dt.: Antoine de Saint-Exupéry in Selbstzeugnissen und Bilddokumenten, übers. v. L. Sauter, Hamburg (rm 4) 1958.
A. Fabri: Versuch über Exupérys »Citadelle«, in: Merkur 5 (1951) 896–900.
G. Gehring: Der heroische Humanismus bei Exupéry, in: Die lebenden Fremdsprachen 2 (1950), Heft 5, 129–136.
J. C. Ibert: Antoine de Saint-Exupéry suivi de la »Lettre au Général X« de A. de Saint-Exupéry (Classiques du XX'siècle 10) Paris 1953.
W. Kellermann: Antoine de Saint-Exupéry, in: Die Sammlung 2 (1947), Göttingen, 679–694.
P. Kessel: La vie de St.-Exupéry (Les albums photographiques), Paris 1954.
Y. Le Hir: Fantasie et mystique dans »Le petit prince« de Saint-Exupéry, Paris 1954.
H. H. Nauen: Antoine de Saint-Exupéry: Leben und Werk, in Stimmen der Zeit. Monatszeitschrift für das Geistesleben der Gegenwart, 153. Bd., 1953–1954, 104–115.
G. Pelissier: Introduction à la lecture de »Citadelle«, in Synthèses 6 (1951), Bruxelles, p. 292–307.
E. A. Racky: Die Auffassung vom Menschen bei Antoine de Saint-Exupéry, Mainzer romanistische Arbeiten, Bd. 2, Wiesbaden 1954.
K. Rauch: Antoine de Saint-Exupéry. Weg und Werk, in: Gestalten unserer Zeit, Bd. 2, Oldenburg 1954, 154–166.
K. Rauch: Antoine de Saint-Exupéry. Mensch und Werk. Persönliche Erinnerungen, Esslingen (verändert u. erw.) 1958.

J. Roy: Passion de Saint-Exupéry, Paris 1951.
L. Wencelius: Saint-Exupéry, der Freund, in: Romania, Bd. 1, Mainz 1948, 47–62.
R. Zeller: La vie secrète d'Antoine de Saint-Exupéry ou la parabole du petit prince, Paris 1950.
R. Zeller: L'homme et le navire de Saint-Exupéry, Paris 1950.

3. Übrige Literatur

F. Alexander: Psychosomatic Medicine, 1950; dt. Psychosomatische Medizin, Grundlagen und Anwendungsgebiete, übers. v. P. Kühne mit einem Kap. über: Die Funktionen des Sexualapparates und ihre Störungen v. Th. Benedek, Berlin 1951.
G. Ammon: Psychodynamik des Suizidgeschehens, in: G. Ammon (Hrsg.): Handbuch der Dynamischen Psychiatrie, 1. Bd., München 1979, 777–792.
H. Bergson: Essai sur les données immédiates de la conscience, Paris 1889.
H. Bergson: Matière et Mémoire, Paris 1896.
G. Bernanos: Journal d'un Curé de Campagne (1936); dt.: Tagebuch eines Landpfarrers; übers. v. J. Hegener Köln ^{11}1966.
W. Biemel: Jean Paul Sartre in Selbstzeugnissen und Bilddokumenten, Hamburg (rm 87) 1964.
L. de Broglie: Licht und Materie. Beiträge zur Physik der Gegenwart; Ausw. aus: Licht und Materie (Matière et Lumière) und Physik und Mikrophysik (Physique et Microphysique), ausgew. v. G. Eder, übers. v. R. Tüngel u. R. Gillischewski, Frankfurt (Fischer Tb. 226) 1958.
A. Camus: Le Mythe de Sissyphe, Paris, 1943; dt.: Der Mythos von Sisyphos. Ein Versuch über das Absurde, komm. v. L. Richter, Hamburg (rde 90) 1959.
W. Cordan: Popol Vuh. Mythos und Geschichte der Maya, aus dem Quiché übertr. u erl. v. W. Cordan, Düsseldorf – Köln 1962.
F. M. Dostojewski: Prestuplenie i nakazanie (1866), dt.: Schuld und Sühne. Roman in 6 Teilen und einem Epilog; übers. v. W. Bergengruen; München (Droemer V.) o. J.
F. M. Dostojewski: Idiot (1868); dt.: Der Idiot; übers. v. K. Brauner, München (GGTb. 361–362) 1958.

E. Drewermann: Strukturen des Bösen. Die jahwistische Urgeschichte in exegetischer, psychoanalytischer und philosophischer Sicht.
1. Bd.: Die jahwistische Urgeschichte in exegetischer Sicht, Paderborn [1]1977; [2]1979, erw. durch ein Vorwort: Zur Ergänzungsbedürftigkeit der historisch-kritischen Exegese; [3]1981, erg. durch ein Nachwort: Von dem Geschenk des Lebens oder: das Welt- und Menschenbild der Paradieserzählung des Jahwisten (Gn 2, 4b–25), S. 356–413.
2. Bd.: Die jahwistische Urgeschichte in psychoanalytischer Sicht, Paderborn [1]1977; [2]1980 erw. durch ein Vorwort: Tiefenpsychologie als anthropologische Wissenschaft; [3]1981: Neudruck der 2. Aufl.
3. Bd.: Die jahwistische Urgeschichte in philosophischer Sicht, Paderborn [1]1978; [2]1980, erw. durch ein Vorwort: Das Ende des ethischen Optimismus; [3]1982: Neudruck der 2. Aufl.

E. Drewermann: Der tödliche Fortschritt. Von der Zerstörung der Erde und des Menschen im Erbe des Christentums, Regensburg [3](erw.) 1983 (jetzt in Herder/Spektrum).

E. Drewermann: Der Krieg und das Christentum. Von der Ohnmacht und Notwendigkeit des Religiösen, Regensburg 1982.

E. Drewermann: Das Tragische und das Christliche. Von der Anerkennung des Tragischen oder: gegen eine gewisse Art von Pelagianismus im Christentum; Schwerte 1981; Veröffentlichungen der Kath. Akad. Schwerte, Nr. 5; hrsg. v. G. Krems; Neudruck in: Psychoanalyse und Moraltheologie; 3 Bde., Mainz 1982–1984; 1. Bd.: Angst und Schuld, S. 19–78.

E. Drewermann: Psychoanalyse und Moraltheologie, 3 Bde., Mainz 1982–1984; 1. Bd.; Angst und Schuld; 2. Bd.: Wege und Umwege der Liebe; 3. Bd.: An den Grenzen des Lebens.

E. Drewermann: Tiefenpsychologie und Exegese. 2 Bde.; 1. Bd.: Die Wahrheit der Formen. Von Traum, Mythos, Märchen, Sage und Legende, Olten – Freiburg 1984.

E. Drewermann – Ingritt Neuhaus: Das Mädchen ohne Hände. Grimms Märchen tiefenpsychologisch gedeutet, Bd. 1; Olten – Freiburg 1981.

E. Drewermann – Ingritt Neuhaus: Der goldene Vogel. Grimms Märchen tiefenpsychologisch gedeutet, Bd. 2, Olten – Freiburg 1982.

E. Drewermann – Ingritt Neuhaus: Frau Holle. Grimms Märchen tiefenpsychologisch gedeutet, Bd. 3, Olten – Freiburg 1982.

E. Drewermann – Ingritt Neuhaus: Schneeweißchen und Rosenrot. Grimms Märchen tiefenpsychologisch gedeutet, Olten – Freiburg 1983.

E. Drewermann – Ingritt Neuhaus: Die Kristallkugel. Grimms Märchen tiefenpsychologisch gedeutet, Bd. 6, Olten – Freiburg 1985.

J. v. Eichendorff: Ausgew. Werke in 2 Bden., hrsg. v. P. Stapf, Wiesbaden (Tempel Klassiker) o. J.

P. Federn: Über zwei typische Traumsensationen, in: Jahrbuch der Psychoanalyse, hrsg. v. S. Freud, VI. Bd., Leipzig – Wien 1914, 89–134.

H. Findeisen – H. Gehrts: Die Schamanen. Jagdhelfer und Ratgeber, Seelenfahrer, Künder und Heiler, Köln 1983.

I. Frenzel: Friedrich Nietzsche in Selbstzeugnissen und Bilddokumentationen, Hamburg (rm 115) 1966.

L. Gardet: Connaître l'Islam, Paris 1958; dt.: Der Islam, übers. v. H. Bauer, Aschaffenburg (Der Christ in der Welt. XVII. Reihe: Die nichtchristlichen Religionen, 4. Bd.) 1961.

A. Gardiner: Egyptian Grammar being an introduction to the study of hieroglyphs, Oxford [3]1957.

H. v. Glasenapp: Die Literaturen Indiens (Handbuch der Literaturwissenschaft, hrsg. v. O. Walzel), Wildpark – Potsdam 1929.

A. Heimler: »Der kleine Prinz« von A. de Saint-Exupéry, Meditationen des Weges personaler Reifung, in: Selbsterfahrung und Glaube. Gruppendynamik, Tiefenpsychologie und Meditation als Wege zur religiösen Praxis, München (Pfeiffer-Werkbücher Nr. 132) 1976, 200–249.

W. Helck: Die Mythologie der alten Ägypter, in: H. W. Haussig (Hrsg.): Wörterbuch der Mythologie, 2 Bde., Stuttgart 1965; 1973; 1. Bd.: Götter und Mythen im Vorderen Orient, S. 313–406.

E. T. A. Hoffmann: Das fremde Kind, in: Die Serapionsbrüder (1819–1821); in: E. T. A. Hoffmann: Werke in 5 Bden., aufgrund der v. G. Ellinger besorgten Ausgabe neu bearb. v. G. Spiekerkötter, Bd. 4, Zürich 1965, 222–258.

H. E. Holthusen: Rainer Maria Rilke in Selbstzeugnissen und Bilddokumenten, Hamburg (rm 22) 1974.

H. Ibsen: Vildanden, 1884; dt.: Die Wildente, in: Dramen, 2 Bde., hrsg. nach der Ausgabe der »Sämtlichen Werke in deutscher Sprache« 1898–1904 von G. Brandes, J. Elias u. P. Schlenther, mit einem Nachw. v. O. Oberholzer, München 1973, Bd. 2, 159–251.

V. Ions: Egyptian Mythology, London 1968; dt.: Ägyptische Mythologie, Wiesbaden 1968, übers. v. J. Schlechta.

H. Kees: Totenglauben und Jenseitsvorstellungen der alten Ägypter. Grundlagen und Entwicklung bis zum Ende des Mittleren Reiches; Berlin O. [3]1977.

K. Kerényi – C. G. Jung: Das göttliche Kind in mythologischer und psychologischer Beleuchtung, Amsterdam – Leipzig (Albae Vigilae VI–VII) 1940.

S. Kierkegaard: Furcht und Zittern. Dialektische Lyrik von Joh. De Silentio, Kopenhagen 1843; übers. ins Deutsche von L. Richter, in: Kierkegaards Werke in 5 Bänden, in neuer Übers. u. mit Kommentar vers. v. L. Richter, Hamburg (rk 71; 81; 89; 113; 147) 1960–1964; Bd. 3 (rk 89) 1961.

S. Kierkegaard: Die Krankheit zum Tode. Eine christliche psychologische Entwicklung zur Erbauung und Erweckung, von Anti-Climacus; Kopenhagen 1849; übers. ins Deutsche von L. Richter, in: Kierkegaards Werke in 5 Bänden, in neuer Übertragung und mit Kommentar versehen von L. Richter, Hamburg (rk 71; 81; 89; 113; 147) 1960–64; Bd. 4 (rk 113) 1962.

S. Kierkegaard: Der Augenblick. Flugschriften zwischen 1854–1855; übers. u. erl. v. H. Gerdes; in: S. Kierkegaard: Werkausgabe, Bd. II, 309–567; Düsseldorf – Köln 1971.

P. Koch – H. Stegmüller: Geheimnisvolles Nepal. Buddhistische und hinduistische Feste, München 1983.

Der Koran. Das heilige Buch des Islam. Nach der Übertragung v. L. Ullmann neu bearb. u. erl. v. L. Winter; München (GGTB. 521–522)1960.

W. Krickeberg: Märchen der Azteken und Inkaperuaner. Maya und Musica; hrsg. v. W. Krickeberg (1928), Düsseldorf – Köln 1968.

J. Lame Deer – R. Erdoes: Lame Deer. Seeker of Vision, New York 1972; dt.; Tahca Ushte. Medizinmann der Sioux, übers. v. C. Biegert, München 1979.

W. Lennig: Edgar Allan Poe in Selbstzeugnissen und Bilddokumenten, Hamburg (rm 32) 1959

G. Lukácz: Die Zerstörung der Vernunft (Budapest 1954); Berlin 1962 (Werkausgabe, Bd. 9); Neudruck: Darmstadt – Neuwied, 3 Bde. (Sammlung Luchterhand SL 133, 138, 146) 1973–1974; 1. Bd.: Irrationalismus zwischen den Revolutionen; 2. Bd.: Irrationalismus und Imperialismus; 3. Bd.: Irrationalismus und Soziologie.

G. Marcel: Philosophie der Hoffnung. Die Überwindung des Nihilismus, übers. v. W. Rüttenauer, Nachw. v. F. Heer, München (List Tb. 84) 1964.

K. Marx: Das Kapital. Kritik der politischen Ökonomie; 3 Bde. (I: 1876; II: 1885; [2]1893 hrsg. v. F. Engels; III.: 1894 hrsg. v. F. Engels); in: K. Marx – F. Engels: Werke, Bd. 23 (1965), Bd. 24 (1963), Bd. 25 (1964) Berlin O., hrsg. v. Institut für Marxismus-Leninismus beim ZK der SED.

S. Morenz: Altägyptischer Jenseitsführer. Papyrus-Berlin 3127. Mit Bemerkungen zur Totenliteratur der Ägypter, Leipzig [4]1979.

E. Neumann: Die Große Mutter. Eine Phänomenologie der weiblichen Gestaltungen des Unbewussten, Olten – Freiburg 1974.

F. Nietzsche: Unzeitgemäße Betrachtungen (1873–1876), Ges. Werke in 11 Bden., Bd. 2, München (Goldmann Tb. 1472–1473) 1964.

F. Nietzsche: Also sprach Zarathustra. Ein Buch für alle und keinen (1883–1884; Teil I–III; 1885: Teil IV); München 1960 (GGTb. 403), Ges. Werke in 11 Bden.

F. Nietzsche: Der Wille zur Macht. Versuch einer Umwertung aller Werte (1887), ausgew. u. geordn. v. P. Gast u. E. Förster-Nietzsche, Stuttgart (Kröner Tb. 78) 1964, Nachw. v. A. Baeumler.

Novalis: Werke, hrsg. u. komm. v. G. Schulz, München [2](neu bearb.) 1981.

Novalis: Im Einverständnis mit dem Geheimnis, ausgew. u. eingel. v. O. Betz (Texte zum Nachdenken, Bd. 773) Freiburg – Basel – Wien 1980.

B. Pascal: Pensées de M. Pascal sur la religion et sur quelques autres sujets, qui ont esté trouvées après sa mort parmy ses papiers, postum 1669,; dt.: Über die Religion und über einige andere Gegenstände, übers. v. E. Wasmuth, Stuttgart [5](erw. u. neu bearb.) 1954.

B. Pasternak: Doktor Schiwago, Milano 1957; dt.: Doktor Schiwago, aus dem Russ. übers. v. R. v. Walter, Frankfurt 1958.
Platon: Symposion, in: Sämtliche Werke in 6 Bänden; in der Übers. v. F. Schleiermacher mit der Stephanusnummerierung hrsg. v. W. F. Otto, E. Grassi, G. Plamböck; Hamburg (rk 1; 14; 27; 39; 47; 54) 1957–1959; Bd. 2, 1957, 203–250.
E. A. Poe: Das gesammelte Werk in 10 Bden., hrsg. v. K. Schumann u. H. D. Müller, Bd. 9: Gedichte, Drama, Essays I, übers. v. R. Kruse, F. Polakovics, A. Schmidt, U. Wernicke, H. Wollschlager, Olten – Freiburg 1966.
A. Quinn: The Original Sin; dt.: Der Kampf mit dem Engel. Eines Mannes Leben, übers. v. H. Hermann, München (GGTb. 3401) 1972.
R. V. Ranke-Graves: The Greek Myths, 1955; dt.: Griechische Mythologie. Quellen und Deutungen; übers. v. H. Seinfeld; 2 Bde., Hamburg (rde 113–114; 115–116) 1960.
K. Recheis – G. Bydlinski: Weißt du, dass die Bäume reden. Weisheit der Indianer, mit Begleittexten v. L. Mayer-Skumanz u. Originalfotos v. E. S. Curtis, Wien – Freiburg – Basel [2]1983.
D. Riesman: The Lonely Crowd. A Study of the Changing American Character, New Haven 1950; dt.: Die einsame Masse. Eine Untersuchung der Wandlungen des amerikanischen Charakters, übers. v. R. Rausch, eingef. v. H. Schelsky, Hamburg (rde 72–73) 1958.
G. Roeder: Urkunden zur Religion des Alten Ägyptens, übers. u. eingel. v. G. Roeder (1914) Düsseldorf – Köln 1978.
G. Rohrmoser: Die metaphysische Situation der Zeit. Ein Traktat zur Reform des religiösen Bewusstseins, Stuttgart 1975.
J. P. Sartre: L'être et le néant: Essai d'ontologie phénoménologique, Paris 1943; dt.: Das Sein und das Nichts. Versuch einer phänomenologischen Ontologie; übers. v. J. Streller, K. A. Ott u. A. Wagner, Reinbek 1962.
J. P. Sartre: Le diable et le bon Dieu, Paris 1951; dt.: Der Teufe und der liebe Gott; übers. v. E. Rechel-Mertens, in: Gesammelte Dramen, Hamburg 1969, 261–366.
J. P. Sartre: Rede vor Renault-Arbeitern (A Renault-Billancourt, in: L'Idiot Inernational, Nr. 11, Nov. 1970, S. 8), in: Der Intellektuelle

und die Revolution, übers. u. eingel. v. I. Reblitz, Neuwied – Berlin 1971 (Luchterhand, Bd. 30).

F. Schiller: Über Anmut und Würde (1793), in: F. Schiller: Werke in 2 Bden., hrsg. v. P. Stapf, Wiesbaden (Tempel Klassiker) o. J.

P. J. Schmidt: Der Sonnenstein der Azteken; Hamburg 1974 (Wegweiser zur Völkerkunde, Heft 6; im Selbstverlag des Hamburgischen Museums für Völkerkunde).

A. Schopenhauer: Die Welt als Wille und Vorstellung ([1]1818; [2]1844; [3]1859); in: A. Schopenhauer: Sämtliche Werke in 7 Bänden nach der ersten von J. Frauenstädt besorgten Gesamtausgabe bearb. u. hrsg. v. A. Hübscher, Bd. 2 u. 3; Wiesbaden 1965.

L. Séjourné: Altamerikanische Kulturen; aus dem Franz. übers. v. M. u. Chr. Schneider; Frankfurt (Fischer Weltgeschichte 21) 1971.

W. Shakespeare: A midsommer night's dream, 1600; dt.: Ein Sommernachtstraum, übers. v. A. W. Schlegel, in: Sämtliche Werke, Wiesbaden (Löwit) o. J., 124–141.

K. Stern: The Flight from Woman, New York; dt.: Die Flucht vor dem Weib. Zur Pathologie des Zeitgeistes, übers. v. O. Lause, Salzburg 1968.

J. E. S. Thompson: The Rise and Fall of Maya Civilization, Oklahoma 1954; dt.: Die Maya. Aufstieg und Niedergang einer Indianerkultur; übers. v. L. Voelker unter Mitarbeit v. G. Kutscher; Essen (Magnums Kulturgeschichte) 1975.

F. Werfel: Das lyrische Werk, hrsg. v. A. D. Klarmann, Frankfurt 1967.

St. Zweig: Magellan (Wien 1938), Frankfurt (Fischer-TB. 1830) 1977.